카파도키아인
성 아르세니오스

파이시오스 수도사 지음
앙겔리키 박효균 옮김

한국정교회

카파도키아인
성 아르세니오스

카파도키아인
성 아르세니오스

파이시오스 수도사 지음
앙겔리키 박효균 옮김

한국정교회
2007

❖ 저서

  · 아토스 성산의 하치-요르기스 수도사
  · 성모 마리아의 정원 아토스 성산의 꽃
  · 서신
  · 대화 제 1권, 현대인들에 대하여 아픔과 사랑으로
  · 대화 제 2권, 영적인 각성
  · 대화 제 3권, 영성 생활
  · 대화 제 4권, 가정의 삶
  · 대화 제 5권, 선과 악

카파도키아인
성 아르세니오스

교회 인가 : 2007. 5. 1

초판1쇄 인쇄 : 2007년 9월 8일
초판1쇄 발행 : 2007년 9월 8일

지은이 : 파이시오스 수도사
옮긴이 : 앙겔리키 박효균

발행인 : 암브로시오스 주교
발행처 : 한국정교회 출판부
        121-011 서울 마포구 아현1동 424-1
        www.orthodox.or.kr
        orthodox@orthodox.or.kr
전   화 : (02) 365-3744, (02) 362-7005
팩   스 : (02) 392-7322
등   록 : 105-91-07984

* 본 도서의 판권은 한국 정교회 교구청에 있습니다.

* 저자와의 협의에 따라서 인지는 붙이지 않습니다.
* 저작권법에 의해 한국 내에서 보호를 받는 저작물이므로 무단전재와 무단복제를 금합니다.
* 잘못된 제품은 구입하신 곳에서 교환해 드립니다.

The publication of this book was made possible through the generous donation of Rev. Protopresbyter Nicholas E. Kossis and his spiritual children (Bethlehem, PA, U.S.A.)

ISBN 978-89-959420-7-9 03200
정가 10,000원

▲ 주 예수 그리스도
 성 요한 복음사도 수도원의 성화
 파이시오스 수도사가 예수 그리스도를 눈으로 직접 보고서 수녀들과 함께 그린 성화

세계 총대주교청

접수 번호 : 112

그리스도의 거룩한 교회는 말과 행동에 있어 이 세상을 거룩하게 살았던 사람들과, 사랑과 헌신으로 이웃을 위하여 일생을 바친 사람들에게 찬미와 찬가로 경의를 표하고 보답하여야 함을 알고 있다. 이들은 생존하고 있을 때뿐만 아니라 다른 세상을 향하여 떠나면서도 증거와 기적으로써 하느님의 존재에 대하여 증언하였다. 또한 그리스도의 거룩한 교회는 이들이 선하신 하느님께 죄인들의 죄를 사하여 주실 것을 중보하였으며 환자들을 치유해 주실 것을 호소하고 간구하였음을 알고 있다.

카파도키아의 파라사 출신인 아르세니오스 수도사제는 그의 삶이 이와 같았던 사람으로 인정받았으며, 그를 카파도키아인이라고 호칭한다. 그는 젊은 나이에 케사리아(진지-데레)에 있는 세례 요한 수도원에서 다른 수도사들 속에 있으면서 이 수도원에서 성직의 은총을 받았다.

그 후 아르세니오스 신부는 자신을 부르는 교회의 소리를 따르면서 자신을 낮추고 수도사로서 영적인 수도와 투쟁에 자기 자신을 바쳤다. 신앙과 전통적인 독실함을 바탕으로 머나먼 지역에 멀리 떨어져 살던 정교인들을 지키고 가르쳤고 그들을 위하여 하느님의 은총을 빌면서 50년 이상을 파라사에서 살았다. 그는 강제적으로 민족이 교체되어야 했을 때, 여든 살이 넘었음에도 불구하고 태어난 고향을 등지고서 동향인들과 그리스로 이주하여야만 했다. 그는 1924년 11월 10일 케르키라 섬에서 하느님을 만나러 가기 위해 이 세상을 떠났다.

카산드리아의 시네시오스 대주교는 위의 자료들을 확인하여 세계 총대주교청[1]에 제출하였다. 그는 이 자료들을 제출하면서 파라사 지역 출신의 정교인들뿐만 아니라 그 지방의 모든 정교인들이 불변하는 신념과 믿음으로 아르세니오스 신부를 성인[2]으로 추대할 것을 열망하고 있음을 제시하였다.

우리를 둘러 싼 대주교들, 덕망 있는 사람들, 영적인 형제들, 그리고 동참 사제들과 함께 부족한 우리들은 정교회에서 지켜지는 관습에 따라, 우리에게 보낸 서류들을 통해, 그리고 정규위원회에 의해 작성된 서류를 통해 카파도키아의 아르세니오스 수도사제의 거룩한 생애와 거룩한 사망을 확인한 후, 그리고 주교회의에서 위의 서류에 대하여 협의한 후, 교회의 전통에 따라 거룩한 사람들에게 어울리는 가치가 아르세니오스 수도사에게도 주어져야 함을 결정하였다.

그래서 세계 총대주교청은 신앙인들에 의해 추앙받는 성인들 중의

---

[1] 정교회의 세계 총대주교청은 콘스탄티노플에 있습니다. 전통에 의하면 콘스탄티노플 교회는 사도 안드레아에 의해 세워졌고, 그에 의해 첫 번째 주교로 스타히스가 선택되었습니다.

[2] 《정교회를 알고 계십니까?》, 한국 정교회, p. 26-27 : 정교회는 적극적인 신앙과 사랑으로 하느님을 닮은 완전한 상태에 도달한 사람들을 성인으로 추앙한다. 성인들이 각기 개체인 것처럼 성인들의 거룩함에도 여러 가지 형태가 있다. 성인들은 불가시적 교회의 일부분이며, 가시적 교회에서 그들의 형제를 위해 사랑의 행위를 이루도록 하느님으로부터 허락받았다. 성인들은 하늘에 있는 우리 믿음의 형제들이기 때문에 우리는 그들과 특별한 관계를 갖고 있다. 우리는 인간적 나약함이 있는 우리의 언어로 그들과 쉽게 대화할 수 있기 때문에, 그들에게 우리를 위해 중보해 주시도록 요청하는 것이다. 우리가 지상에 있는 형제들에게 기도를 요청하는 것처럼 하느님을 기쁘게 해드린 형제들에게 기도를 요청하면 그들 의인들의 간구는 큰 효과를 나타내게 되므로(야고보 5,16 참조) 그들의 중보를 요청하는 것은 당연한 것이다. 우리가 그들과 통교하는 것은 우리와 그리스도와의 사이에 어떤 중보자가 필요해서가 아니라, 우리 자신들의 성인들과의 친밀감에서 오는 인간적인 필요에서 통교하는 것이다. 뿐만 아니라 우리 구원을 위해 우리가 따를, 우리 생활에서의 훌륭한 모범을 제공해 주시는 것이다. 성인들은 세상을 떠난 다음 그들이 교회 신성서에 남긴 거룩함의 표식에 따라 공식으로 시성된다.

한 분으로 카파도키아인 아르세니오스 수도사제를 이제부터 영원히 성인으로 결정하여 전하는 바이다. 축일은 그가 영면한 날인 11월 10일로 한다.

 총대주교청 주교회의는 이에 대한 증거와 확인을 그리스도 교회의 거룩하고 신성한 문서에 기록하고 서명하였다. 이 거룩하고 신성한 문서의 사본은 카산드리아의 대주교청에 보관되도록 시네시오스 대주교에게 보내졌다.

1986년 2월 11일

콘스탄티누폴리스 총대주교
사르디스의 막시모스 대주교
로도폴리스의 이에로니모스 대주교
스타브로폴리스의 막시모스 대주교
미라의 흐리소스토모스 대주교
콜로니아의 가브리일 대주교
페르기의 에방겔로스 대주교
리스트라의 칼리니코스 대주교
데르키의 콘스탄티노스 대주교
엘레누폴리스의 아타나시오스 대주교
멜리티니의 요아킴 대주교
필라델피아의 바르톨로메오스 대주교는 결정하였다.

▲ 아르세니오스 성인
  성 요한 복음사도 수도원의 성화

강제적인 민족 교체에 대한 배경

고대 그리스인들은 서기전 9세기와 10세기 사이에는 소 아시아의 해변에, 그리고 서기전 6세기에서 8세기까지는 폰도스에 이민하여 정착하고 살면서 도시를 만들었다. 그리고 그곳은 문학과 철학에 있어서 큰 발전을 이루게 된다. 고대 그리스의 많은 시인들과 철학자들이 이 지역 출신이다 (호메로스, 헤라클레스, 탈레스 등).

오랜 세기 동안 이 지역에 살고 있던 사람들은 사도들에 의해 전승된 그리스도교를 받아들이게 되었다. 요한 묵시록에 나오는 7개의 교회들이 이 지역에 있었고 그리스도교인들에 대한 로마인들의 박해에 의해 수많은 순교자들이 생겨났다. 그 후에 그리스도교가 더 널리 퍼지자 이 지역에서 성 대 바실리오스, 성 요한 흐리소스토모스 그리고 성 그리고리오스 신학자와 같은 많은 성인들과 교부들이 배출되었다. 그리고 동로마 제국, 즉 비잔틴 제국이 융성했던 시기에 이 지역의 그리스인들은 아랍인들과 회교의 전파에 저항하게 된다.

11세기에는 터어키인들이 소아시아에 들어와 정착하였다. 갑작스럽게 회교도가 들어오고 이들 중 일부가 콘스탄티노플로 이주하게 되자 이 지역에서는 갑자기 인구가 줄어드는 결과가 생기게 되었다. 1453년에 터어키인들은 비잔틴 제국을 손에 넣게 되었고 16세기에서 17세기

사이에는 천천히 교회의 상황이 좋아지게 되었다.

소아시아의 서쪽 지역에는 경제적으로 부유한 도시들이 생겼다. 이곳의 인구는 18세기가 끝날 무렵에는 거의 이백만 명에 달하였다. 이 도시들은 키도니에스, 페르가모스, 포케아, 에페소 등이다. 그 중에 가장 융성했던 곳은 즈미르니였으니 이곳에 동 에게해에서 가장 중요한 무역 항구가 있었다. 이곳에는 문학과 예술 그리고 유럽식 삶이 꽃을 피우게 된다.

소아시아의 북동쪽에 있는 폰도스 지역에 살고 있던 주민들 역시 갑작스러운 회교의 전파와 박해에도 불구하고 오스만 제국이 종교의 자유를 허락하는 1856년까지 그리스도교인으로 숨어서 살아갔다. 무역이 발달했으며 남 러시아와 접촉한 것이 이 도시들이 경제적으로 그리고 문화적으로 발달하는 계기가 되었다.

이 도시들의 경제적인 번영과 문화적인 융성은 고대 그리스와 비잔틴 시대를 방불케 하였다. 그리스인들은 오스만 제국의 속박 속에 있었음에도 불구하고 경제적으로는 이 도시들을 장악하고 있었다.

제1차 세계대전이 끝난 후 그리스는 세르비아 조약에 의해 동 트라키, 즈미르니 지역과 수 세기 전부터 그리스인들이 많이 살고 있던 지역을 얻게 되었다. 터어키인 케말 무스타파는 그리스인들에게 대항하여 체계적으로 투쟁하기 시작하였다. 그리스인 베니젤로스는 소 아시아에서 군대를 강화하였다.

1920년 여름에 그리스군은 세르비아 조약에서 한정한 지역을 넘어 더 나아갔다. 오직 영국만이 그리스를 지지하였고 이탈리아, 프랑스와 소련은 터어키를 지지하였다. 그리스 국내에서는 정치적인 혼란이 있었는데 선거에서 베니젤로스 수상이 실각하고 콘스탄티노스 국왕이 다시 왕위에 오르게 되었다. 이것은 영국인들에게는 반갑지 않은 일이었으므로 영국은 그리스에 대한 지원을 중단하였다. 이에 그리스 군대는 케말의 군대와 격전을 벌이게 된다.

그리스 군대는 특별한 체계와 조직도 없이 소 아시아의 내륙 지역을 향하여 전진하였다. 그리스에 대한 영국의 지원이 중단되자 경제적으로 큰 문제가 야기되었다. 케말 무스타파가 체계적으로 공격할 때까지 그리스 군대는 1년 정도(1921년 9월-1922년 8월) 한 지역에 머물러 있었다. 그리스 군대는 해변으로 물러가게 되고 즈미르니는 케말 무스타파에 의해 정복되었다. 결과적으로 바다를 통하여 즈미르니를 떠나려고 했던 그리스인들에 대한 처절한 살해와 약탈이 뒤따랐다. 미처 즈미르니를 떠나지 못한 그리스인들은 포로로 잡히게 되었다. 이 때 즈미르니는 불타게 된다.

  1923년 로잔 조약이 체결되었고 소아시아에서의 전쟁은 끝이 났다. 이 조약에서 양국은 콘스탄티노플에 있는 정교인들을 제외하고, 터어키령에 남아 있는 정교인들을 추방하는 데 동의하였다. 그래서 그리스인들에 대한 강제적인 민족 교체가 있게 된다. 즉 그리스 진영에 살고 있던 회교도들과 터어키 진영에 살고 있던 그리스인들 즉 정교인들을 서로 교체하는 것이었다. 그 당시 쫓겨난 정교인들은 백오십만 명이었고 회교도들은 삼십오만 명이었다. 소 아시아의 멸망은 그곳에 있던 그리스인들의 거주 지역을 쑥밭으로 만들어 놓았다. 강제적인 민족 교체는 그리스에 커다란 문제를 야기시켰다.

  나3)는 아르세니오스 신부에 대하여 많은 의무감을 느낀다. 그 첫

---

3) 저자 파이시오스. 그는 1924년 소 아시아에 있는 카파도키아의 파라사에서 태어났다. 수도사가 되기 전 그의 본명은 아르세니오스 에즈네피디스였다. 그는 1924년 7월 25일 태어났으며, 강제적인 민족 교체가 있기 전에 아르세니오스 성인으로부터 세례를 받았다. 이 교체로 그의 가족은 터어키를 떠나(1924년 8월 14일) 그리스의 이피로스에 있는 코니차에서 살게 되었다. 작가는 어린 시절부터 수도사가 되기 전까지 코니차에서 살았다. 그는 어려서부터 그리스도와 교회에 대한 사랑으로 신부가 되기를 원하였다. 그래서 그는 조용히 기도하고 공부하기 위하여 자주 숲 속으로 가곤 하였다. 그는 성인들의 생애에 대하여 많은 책을 읽었고, 자신을 낮추는 마음으로 사랑을 계발하면서, 성인들을 닮으려고 열성을 가지고 노력하였다. 그는 초등학교를 졸업한 후 그리스도를 닮으려고 목수가 되었다. 그는 1945에서 1949년까지 군 복무를 하였는데, 그의 주특기는 무전병이었다. 그는 군 복무를 하면서도 영적으로 투쟁을 하였다. 군인으로서 그는 용감한 청년이었으며, 자신을 희생하는 태도가 남달랐다. 그는 군 복무를 마치고서, 26세에 아토스

번째 이유는 아르세니오스 신부가 거룩한 축복과 함께 세례성사에서 자신의 이름을 나에게 준 것이며, 두 번째 이유는 지금은 할아버지가 되어있는 프로드로모스 코르치노글루(하치치니스)가 아르세니오스 신부가 사용했던 책들을 간직하고 있어서 내가 자라서 읽게 된 것이다.

프로드로모스는 나에게 아르세니오스 신부에 관해서 가장 큰 도움이 되었으며 신부에 관해서는 살아있는 책이라 할 정도로 신부에 관계된 내막들을 상세하게 알고 있었고 그분의 거룩한 삶을 생생하게 기억하고 있었다. 지금은 할아버지가 되었지만 하느님의 큰 은총을 받아 ―신부의 성가대원으로서, 그리고 신부가 가는 곳마다 같이 참석한 사람으로서― 신부에 관하여 많은 것을 알고 있었다. 왜냐하면 신부와 행동을 같이 하면서 늘 신부를 보아 왔고 신부가 자신의 삶에서 겪은 여러 가지 다양한 사건들을 이야기해 주었기 때문이다. 프로드로모스는 내가 살고 있는 동네에 같이 살았고 항상 아르세니오스 신부에 대해 나에게 이야기해 주었으므로 나는 언제나 프로드로모스의 집을 왔다 갔다 하면서 어린 마음의 호기심으로 끊임없이 그에게 질문을 하였다. 그 때 나는 물론 어렸고 마음은 세속에 물들지 않은 상태였으

성산으로 가서 수도사가 되었다. 매일 영적 투쟁과 겸손을 통해서 하느님으로부터 영적인 은총을 받았다. 수도사로서 그는 처음에는 아토스 성산에 있었고, 그 다음 코니차에 있는 스토미오스 수도원에 있었으며 그 다음에는 이집트의 시나이에서 머물다가 다시 아토스 성산으로 가게 된다. 그는 초야에 묻혀 살았으며, 그의 전부를 하느님께 바쳤다. 하느님은 그를 세상에서 돋보이게 하셨고, 이 모든 세상에 알려지게 하셨다. 그는 15년 동안 날마다 하루 종일 사람들의 고통과 시련을 받아들였고 고통과 아픔에 시달리는 사람들에게 하늘로부터 오는 위안으로써 그들의 고통을 덜어 주었다. 그는 찾아오는 사람들을 인도하고, 위로하고, 치료하고, 마음을 평온하게 해 주었다. 그의 거룩한 영혼은 거룩한 사랑으로 넘쳐 흘렀고, 그의 거룩한 모습은 하느님의 은총을 빛나게 하였다. 그는 테살로니키의 수로티에 있는 성 요한 복음사도 수도원을 건립하였으며, 이 수도원을 28년간(1967-1994) 영적으로 인도하였다. 이 수도원에 카파도키아의 성 아르세니오스의 성 유해가 간직되어 있다. 그리고 수도원에 있는 성당은 성 아르세니오스 성당으로 명명되었다. 그는 그를 필요로 하는 수 많은 사람들을 뒤로 한 채 1994년 7월 12일에 위의 수도원에서 세상을 떠났으며 성 아르세니오스 성당 옆에 그의 묘가 있다.

므로 그가 하는 말은 매우 쉽게 나의 순수한 마음 속에 새겨졌다.

그 후 하느님이 보호하셔서 나는 수도사가 되어[4] 1958년 코니차[5]에 있는 스토미오스 수도원에 있게 되었다. 아르세니오스 신부에 대한 나의 관심은 점점 커졌다. 그리고 아르세니오스 신부에 대하여 더 많은 것을 알기 위해 다시 프로드로모스 할아버지에게 가기 시작하였다. 그는 아흔 살이었음에도 불구하고 지칠 줄 모르고 항상 기꺼이 많은 이야기를 해 주었는데 분명 하느님의 은총을 받은 분이었다.

물론 나는 그 때 더 많이 그리고 더 상세하게 아르세니오스 신부에 대해 알고 있었을 것이나 그 당시에는 아르세니오스 신부의 생애에 대하여 자료를 모을 거라는 생각이 나의 뇌리를 스친 적이 없었기 때문에 주의를 많이 기울이지는 않았다. 아르세니오스 신부의 영혼이 잠든 후에 아르세니오스 신부에 대한 이 모든 자료들 – 성인이 일으킨 기적들과 성인이 사람들 앞에 나타난 것에 관한 – 을 밝히게 되리라고 내가 어떻게 예감할 수 있었으랴! 1958년 그 당시 아르세니오스 신부는 아직 케르키라[6] 섬의 공동 묘지에 잠들어 있었고 묘에 있는 비문에는 그의 이름이 새겨져 있었다.

우리 농네의 많은 사람들은 다른 많은 성인들처럼 아르세니오스(하치에펜디스)[7] 신부의 성 유해 역시 분해되지 않은 채 님이 있을 것이

---

[4] 1954년 아기온 오로스(아토스 성산)의 에스피그메니 수도원에서 수단 착용 예식을 치렀고 그 때 주어졌던 이름은 아베르키오스였다. 1956년 정식 수도사가 되어 이름이 파이시오스로 바뀌었다.
≪정교회를 알고 계십니까?≫, 한국 정교회, p. 35 : 정교회 수도원 제도에는 3단계가 있다. 수도 생활을 원하는 사람은 처음 1년의 수련 기간을 지내며 서원 여부를 결정한다. 여기서 서원한 사람은 수단을 착용하고 제 1단계 수도 생활로 들어간다. 다음 둘째 단계는 엄격한 규율 속에서 수도하게 되는데, 절대로 규율을 위반할 수 없다. 이러한 규율 속에서 좋은 결실을 맺으면 그 때에 마지막 셋째 단계에 들어간다. 수도자는 평수도자와 서품수도자로도 구분된다.
[5] 그리스 북쪽에 있음.
[6] 그리스의 이오니아해에 있는 섬.
[7] 하치스는 성지 순례를 한 사람을 의미하며, 에펜디스는 터어키어로 주인을 의미한다. 아르세니오스 신부가 성지 순례를 하고 난 후 사람들이 그를 하

라고 믿었다.8) 그들은 경외심 때문에 성 유해의 이장에 대하여 감히 용기를 내어 말할 수 없었다. 그렇다고 아르세니오스 신부의 성 유해 이장에 대한 공동의 관심사를 둘러싸고 사람들이 다시 모두 함께 모인다는 것도 가능하지 않았다. 왜냐하면 신부의 예언처럼 우리 고향의 파라사인들은 그리스의 이곳 저곳으로 뿔뿔이 흩어져 살고 있었기 때문이었다. 신부는 강제적인 민족 교체가 있기 전에 다음과 같이 말하곤 하였다. "우리들은 그리스로 가서 산산이 흩어져 살 것입니다." 또한 본인 자신에 대해서도 다음과 같이 말하곤 하였다. "나는 그리스에서 단지 사십 일간 살 것이며 섬에서 이 세상을 떠날 것입니다." 정말로 이 모든 것은 신부가 말한 대로 이루어졌다. 우리 고향 사람들은 이곳 저곳으로 흩어지게 되었다.9) 이렇게 하여 많은 친척들이 서로 소식을 알 수가 없었으며 살고 있는지 아니면 이 세상을 떠났는지도 알지 못하였다.

    나는 머리 속으로 이 모든 것을 기억하면서 그의 성 유해를 이장하기 위해서 혼자서 케르키라 섬으로 가기로 결정하였다. 그렇지만 내가 하려고 하는 이것이 나의 경건함에 의해서였는지 아니면 나의 오만에 의해서였는지, 나는 모르겠다. 여행하는 동안 내내 나는 역시 다음과 같은 생각을 하였다. '아르세니오스 신부의 분해되지 않은 성 유해를 발견하는 경우에는 어떻게 해야 할까?' 그 때 케르키라 섬에 사는 사람들은 자기 고장이 성인의 축복 속에 있기를 원했기 때문에 내가 이 성 유해를 옮길 수 있도록 나를 내버려 두지 않을 것이었다. 하지만

치에펜디스라고 불렀다.
8) 하느님의 은총으로 성 아르세니오스처럼 분해되지 않고 온전한 성 유해도 있고, 성골만 남아 있으면서 향기로운 성 유해도 있다. 이러한 성 유해들은 성인으로 판별할 수 있도록 하는 하느님의 섭리에 의한 것이고, 이를 통해 성인으로 추대된다.
9) 파라사인들이 파라사를 떠나 그리스로 갔을 때, 세 그룹으로 나뉘어졌다. 첫 번째 그룹은 아테네(모스하토구, 니케아구, 암피알리구, 에갈레오구 그리고 네아 즈미르니구)에, 두 번째 그룹은 케르키라 섬에 있었으며, 아르세니오스 신부가 이 세상을 떠난 후 이피로스와 코니차로 옮겨갔다. 그리고 세 번째 그룹은 이파티아의 플라티에 정착하였다.

내가 그의 묘를 발견하리라는 것은 틀림없는 사실이었는데, 왜냐하면 1945년에 신부의 묘가 발견되었고 나의 두 형들이 그의 묘지에 있는 흙을 나에게 보냈기 때문이었다.

1958년 10월 내가 케르키라섬에 도착하던 날, 하늘의 문이 열린 것처럼 케르키라 섬뿐만 아니라 전국에 계속 비가 내렸다. 공동 묘지 담당 사제는 내게 다음에 다시 오거나 아니면 비가 멈출 때까지 기다리라고 말하였다. 나는 그에게 말하였다. "내일 아침 다시 올 테니, 나를 도와주게나." 다음 날 아침 억수 같이 비가 내렸지만 나는 묘지로 갔다. 그런데 공동 묘지에 도착하자마자 곧 비가 그쳤으며 그리고 해가 비쳤다. 내가 정성스럽게 그의 성 유해를 묘에서 꺼내자 사제는 추도식을 짧게 축약한 기도식을 드렸다. 성 유해를 가지고 출발하자 다시 폭풍우가 치기 시작하였다. 공동 묘지 성당 담당 사제는 그 때 나에게 이렇게 말하였다. "아르세니오스 신부님이 기적을 일으키셨습니다."

나는 호텔에 도착한 뒤에 성 유해를 보기 위해 가방에 있던 성 유해가 든 상자를 베개 위에 놓고 뚜껑을 열었다. 그리고 무릎을 꿇고 계속 기도하였다. 날이 어두워지자 성 유해를 계속 볼 수 있도록 불을 끼고 계속 기도하였다. 무릎을 꿇고 기도를 하고 있었는데 밤 아홉 시에서 열 시 사이에 나를 위협하는 다음과 같은 서신 음성이 들려 왔다 "이게 무슨 뼈다귀이냐?" 나는 나를 덮치는 어떤 힘을 느꼈다. 그 때 나는 이 힘의 몸 전체를 볼 수 없었고 단지 내가 볼 수 있었던 것은 검은 두 손이었는데 나를 질식시키려고 목을 세게 조르고 있었다. 나는 위험했던 그 순간에 나 자신도 모르게 다음과 같이 소리를 질렀다. "아르세니오스 성인이여, 나를 도와 주소시!" 곧 나는 어떤 다른 강한 힘을 느꼈는데 그 힘은 이 무서운 손을 잡아 멀리 내던져 나를 구해주었다. 그 때 비로소 나는 안도의 숨을 쉬었다. 그리고 아르세니오스 신부에게 경건하게 계속 기도하였다. 다음 날 나는 아르세니오스 신부의 성 유해를 가지고 코니차로 향하였다. 지금까지 나는 이 사실에 대해 단지 두 명의 영적인 사람들에게 이야기했을 뿐이다. 왜냐하면 혹시 많은 사람들과 무분별한 여인들이 이 사실을 알면 쓸데없는 소리를 할지 몰라 걱정하였기 때문이었다. 아르세니오스 신부가 성인이었다는 것에 대하여 나에게는 의심의 여지가 없었다. 나에겐 그가 이 세상과 작별한 후에도 기적들을 일으켜야만 하는지 안 하는지에 대해서 전혀 관심이 없었다. 왜냐하면 이 기적들은 하느님이 하셔야만 하는 일이지 내가 관여할 일이 아니기 때문이었다. 하느님은 하느님이시기 때문에 당신의 기적에 대하여 우리 인간들로부터 도움을 필요로 하지 않으신다. 우리는 이것을 복음경에서 역시 볼 수 있다. 하느님의 은총에 충만한 성모 마리아[10]는 이 세상에서 일어날 일들에 대하여 전혀 미리 준비하지 않았다. 그렇지만 그녀는 그리스도께서 말씀하실 때까지 참고 기다렸다. 그리스도는 사람들에게 기적으로 대신하여 말씀하셨다. 신부의 성 유해를 발굴하면서 신부가 한두 가지 무엇인가를 보여 주었다면 그것은 아마도 단지 나에게만 해당될 뿐이며 나를 정신적으로 강하게 하기 위해서 그리고 나의 게으름을 쫓아내기 위해서였을 것이다.

내가 해야만 하는 것은 아르세니오스 신부에 관해서 알고 있는 것들을 기록하는 것이었다. 이제는 할아버지가 된 프로드로모스와 나의 부모로부터 들은 것 이외에 코니차나 그리스의 다른 지역에 살고 있는 파라사[11] 출신 고향 사람들을 찾아 다니며 신부에 대하여 자료를 모아

---

[10] 《정교회를 알고 계십니까?》, 한국 정교회, p. 25-26 : 동정녀 마리아는 정교회에서 하느님을 낳으신 분으로 그리고 헤루빔보다 더 영예로운 분으로 공경 받으신다. 동정녀 마리아는 하느님의 어머니로서 구세주를 대신하시는 것이 아니라, 그분의 아들 앞에서 모든 인류를 위해 중보하시는 것이다. 그리스도께서 육신을 취하신 신비는 동정녀 마리아의 인격에 밀접하게 관련된다. 정교 신학은 동정녀 마리아를 하느님의 어머니로서, 순결하시고 거룩하시며, 당신 아들의 탄생과 생활, 선교, 수난, 죽음 그리고 부활을 당신의 아들과 함께 하신 분이시며, 초대 사도 교회의 중심이 되신 분으로 간주한다. 정교 신심은 지극히 거룩하신 하느님의 어머니를 언제나 사랑과 공경으로 받들어 왔으며 그 분께 중보를 요청하는 기도를 드려왔다. 성모 마리아의 공경은 초대 교회로부터 늘 있었으며 어느 시대에 있어서든 마리아께 대한 공경과 사랑은 그리스도 위주였으며 제3차 세계공의회 (에페소, 431년) 이후로 더욱 발전하여 왔다.

[11] 터어키령에 있는 마을로서 아르세니오스 신부가 태어난 곳이며, 작가 파이

야만 하였다. 누군가가 나중에 사실을 알기 원한다면 그것은 불가능할 것이다. 왜냐하면 연세가 많은 사람들이 한 명, 두 명 이 세상을 떠나 우리 모두의 영원한 고향을 향해 가고 있었기 때문이다. 아르세니오스 신부의 성 유해를 코니차에 모셨던 해인 1958년에는 나이 많은 사람들 중에 단지 두 명의 파라사 사람인 프로드로모스 코르치노글루, 프로드로모스 에즈네피디스12) 와 경건하게 살고 있던 네 명의 할머니들만이 아르세니오스 신부의 성 유해13)에 경배할 수 있는 기회를 가졌다.

1970년 나는 아르세니오스 신부의 성 유해를 코니차에서 테살로니키의 수로티에 새로 건축한 성 요한 복음사도 수도원14)으로 옮겼다. 성 유해를 안치할 수 있는 공동 묘지 성당이 아직 건축되지 않았으므로 성당의 성 제단 밑에 임시로 성 유해를 모셔 놓았다. 이 상자의 열쇠는 필로테이 수도원장이 가지고 있었다. 나는 수도원장이 봉투에 이 열쇠를 넣어 보관하도록 하였고 아무도 건드리지 못하도록 지시하였으며 단지 내가 요청할 때만 열쇠를 내어 주도록 하였다.

성 유해는 아무도 알지 못하게 상자 속에 소리 없이 머물게 되었다. 수도원장과 성당 관리 담당 수녀는 그 속에 성 예복들이 들어있는 줄로 알고 있었다. 그런데 1970년에 몇 가지 사건이 일어났다. 아르세니오스 신부가 한 수녀에게 나타난 것이다. 그리고 나중에 또 다른 수녀

시오스 수도사 부친의 고향이다. 파라사의 본래 이름은 바라시오스였다. 터어키 지배 하의 공포 때문에 터어키어처럼 들리도록 하기 위해 파라사로 이름을 바꾸었다.
12) 저자의 부친
13) 그리스의 수도원이나 성당에 성인들의 성 유해가 있는 곳이 있으며, 사람들은 성인의 성 유해 앞에서 성인의 축복을 바라거나 자신들의 소원을 들어 주기를 기도한다.
14) 파이시오스 수도사는 이 수도원에 아르세니오스 성인의 성 유해를 보관하는 것이 안전하다고 생각하였고, 성인의 성 유해는 이곳에 있는 수녀들과 순례자들에게 축복의 원천이 된다고 믿었다. 또한 파이시오스 수도사가 아토스 성산에서 가끔씩 나와 이곳에 머물면서 수많은 사람들의 병을 고쳐 주었고, 세인들이 원하는 바가 이루어질 수 있도록 기도하였다. 그가 이 수도원에 갈 때마다 헤아릴 수 없는 사람들이 그의 축복을 받으려고 밤을 새워 기다리곤 하였다.

에게도 나타났다. 이것은 잠시 후 이야기하겠다. 수녀들의 고해 신부가 이 말을 들었을 때 그는 사실이 드러나지 않게 하기 위해 두 수녀에게는 아무 것도 아니라고 얼버무리고 난 다음 나에게 연락하였다. 나는 아무런 문제가 없도록 하느님께 이 일을 맡기자고 고해 신부에게 말하였다.

이제 이 두 수녀들이 나에게 써 준 것과 나중에 그녀들을 만났을 때 나에게 말한 것을 토대로 정확하게 무슨 일이 일어났는가 이야기하겠다.

처음에는 예비 수녀 바실리키 스탈리메니에게 아르세니오스 신부가 나타났다. 그녀는 다음과 같이 말하였다. "성탄절 3일째 되던 날인 1970년 12월 27일 일요일에 저는 성찬 예배[15])에 몰두하고 있었는데 헤루빔 찬양 순서[16])에, 성 제단에서 기도하고 있던 사제 말고 흰 예식복을 입고, 성 제단 오른 쪽에서 절(메타니아[17]))을 하고 있는 다른 사제

---

[15]) 《정교회를 알고 계십니까?》, 한국 정교회, p. 31-32 : 신성한 성찬 예배식은 우리 모두를 위한 우리 주 예수 그리스도의 희생제의 연속이며, 그 분의 몸과 피를 영하는 신성한 성사로서, 모든 신도들을 위해 베풀어진다. 신성한 감사 ($\theta\varepsilon\iota\alpha\ E\upsilon\chi\alpha\rho\iota\sigma\tau\iota\alpha$) 혹은 신성한 친교 ($\theta\varepsilon\iota\alpha\ Ko\iota\nu\omega\nu\iota\alpha$)로 불리는 성찬식은 신약 성서가 기록되기 전에 벌써 제정되었다. 성찬 예배식은 그리스도의 생애와 희생의 거룩한 재현이다. 참례자들은 그 재현 속에 능동적으로 참여한다. 거기서 성직자와 신자 양측은 모두 능동적인 역할을 한다. 성찬 예배식은 기도만 올리는 예식이 아니다. 그것은 성찬으로 임재하시는 하느님과의 친교이다.
《성찬 예배식》, 한국 정교회, p.86 : 성찬 예배가 거행되는 목적은 성체 성혈을 영하는 데에 있다. 신도들은 사전에 금식과 기도로 또는 죄가 있음을 느낄 때에는 고백 성사로 준비한 다음에 영성체 한다. 영성체는 죄가 없고 합당해서가 아니라, 죄의 사함과 영원한 생명을 얻기 위해서 하는 것이다. 그리고 죄인임이 인식되기 때문에 성체와 성혈로 거룩하게 되기 위해 하는 것이다. 성찬 예배식은 매주 일요일과 큰 성인의 축일이 있는 날, 철야 예배가 있는 날에 진행되고 그리고 매월 첫 날에 교회에 따라 진행된다.
[16]) 《성찬 예배식》, 한국 정교회, p. 149-150 : 사제가 대입당을 준비하고 있는 동안, 성가대는 헤루빔 성가("우리가 헤루빔을 신비로이 모본하여 생명을 주시는 삼위께 삼성송을 찬송하며, 삼성송을 찬송하며 세상의 온갖 온갖 걱정을 이제 물리칠지어다, 물리칠지어다.")를 부른다.
[17]) 그리스어로 '메타니아 ($\mu\varepsilon\tau\alpha\nu o\iota\alpha$)'는 두 가지 의미로 쓰이고 있다. 첫째 의미는 '후회, 회개'이며 둘째는 종교적인 의미이다. 즉 기도하는 두 가지 방법을 의미한다. 신부들이 하는 기도 방법에는 몸을 구부려 오른 손을 바닥

한 명을 보았습니다. 처음에 저는 무슨 일이 있기에 언제 다른 사제 한 명이 왔단 말인가 하고 자문하였습니다. 저는 다시 그 사제가 같은 자리에서 계속하여 몸을 구부려 손을 바닥에 대어가면서 기도를 하고 있는 것을 보았습니다. 그 때 저는 이 거룩한 환영에서 제 자신을 지탱할 수가 없어 넘어지지 않으려고 의자에 앉았습니다."(정확하게 거기 성 제단 오른쪽 밑에 아르세니오스 신부의 성 유해가 안치되어 있었다.)

예비 수녀 바실리키에게 또 다른 일도 있었다. 이 예비 수녀는 나에게 다음과 같이 말하였다. "두 번째는 1971년 5월 17일 제가 다른 두 명의 수녀들과 철야 예배[18]에 참석하고 있을 때였습니다. 성모 마리아에 대한 기립 찬양[19]에 대한 성가를 부르고 있었을 때 성가의 마지막

에 대면서 이것을 계속 반복하는 기도가 있고, 무릎을 꿇고 몸을 바닥에 엎드려 가며 반복하는 기도가 있다. 이 기도 방법들을 '메타니아' 라고 한다.
18) 그리스의 수도원들에선 밤새도록 하는 철야 예배가 자주 있다.
19) 626년 이라클리오스 황제는 페르시아 내부에서 페르시아인들과 전쟁을 치르고 있었다. 페르시아군은 육지와 바다를 가로 막으면서 콘스탄티노플을 포위하였다. 콘스탄티노플은 위험에 빠졌다. 이라클리오스 황제는 전쟁 중에 콘스탄티노플로 돌아올 만한 시간이 없었으므로, 콘스탄티노플의 방위를 세르기오스 대주교와 보누스 수상에게 일임하였다. 이 두 사람은 포위를 하고 있는 페르시아인들의 연속적인 공격에 내항힐 수 있도록, 사람들에게 그리스도와 성모 마리아께 깊은 믿음을 가지라고 격려하였다. 결국 콘스탄티노플의 함대는 블라헤르네스 성모 마리아 성당 근처에서 있었던 해전에서 적을 패주하도록 만들었다.(구전에 의하면 갑자기 강풍이 불어 적군이 대항할 수 없었기 때문에 후퇴한 것으로 전해짐) 콘스탄티노플을 포위하고 있던 적들은 물러갔다. 콘스탄티노플 사람들은 성모 마리아가 콘스탄티노플의 지휘자가 되어 자신들을 위험에서 구해주었다고 믿었다. 그 때 사람들은 성모 마리아에게 감사하기 위하여 서서 기립 찬양사를 불렀던 것이다. 그 때부터 정교회에서는 사순절 기간 동안 금요일마다 이 싱가를 부른다. 이 기립 찬양사는 그리스어로 $Ακάθιστος\ Ύμνος$(아카티스토스 임노스)라고 하는데, $κάθιστος$(카티스토스)는 '앉아 있는'을 의미하며 앞에 'A'가 붙어서 '앉아 있지 않은' 즉 '서 있는'의 의미가 된다. 그리고 $Ύμν$-$ος$는 '찬가' 또는 '성가'의 의미가 있다. 기립 찬양사의 구절을 인용한다. ≪사순 대재중≫, 한국 정교회, p.336-337: "테오토코스여, 당신의 도움이 당신에 의하여 재난에서 구제되었나니 승리의 지휘자이신 당신에게 승리의 사은제를 바치나이다. 당신은 무적의 힘을 지니셨으니, 나를 온갖 위험에서 구하시어 '혼인한 바 없는 신부여 기뻐하소서'라고 당신께 외치게 하

두 구절에 이르자 성소 안에서 남자 목소리로 성가가 들려 왔습니다. 저는 제게 들려오는 성가를 누가 부르는지 확인하려고 성가 부르기를 멈추었습니다. 성가대 수녀들은 제가 성가의 구절을 잊은 줄 알고 제게 성가의 어느 부분을 찬양하고 있는지를 가르쳐 주었습니다. 저는 아무 말도 하지 않았습니다. 저는 알았다는 표시로 고개만 끄덕였습니다. 그 때 저희는 이미 성가의 끝부분에 있었습니다."

또 다른 수녀는 이미 말한 성당 관리 담당 수녀(마리아 판델로글루)이다. 그녀가 나에게 말한 것으로서 다음과 같은 일이 있었는데 마리아에게는 바실리키처럼 환영이 아니라 꿈으로 나타났다. 그녀는 불이 치솟지 않은 채로 수도원에서 많은 연기가 나는 꿈을 꾸었다. 이 연기를 보고 모든 이들이 걱정하고 있었는데 그녀에게 다음과 같이 말하는 소리가 들려왔다. "걱정하지 마십시오. 아르세니오스가 거기 있으니까 수도원이 불에 휩싸이도록 내버려 두지 않을 것입니다."(그 당시 질투에 찬 살인마가 나쁜 짓을 하려고 수도원 밖에 장작과 작은 가지들을 산더미처럼 쌓아 놓았다.) 그리고 계속해서 그녀에게 다음과 같이 말하였다. "왜 아르세니오스 신부님의 성 유해를 그렇게도 간소하게 모셨습니까?" 마리아는 아무 것도 알지 못했지만 다음과 같이 대답하였다. "간소하다니, 그게 웬 말입니까? 우리는 성 유해를 지성소에 모시고 있고 등불도 켜 놓습니다."(사실 성 유해가 있는 상자는 아주 수수한 것이었다.)

위에서 말한 마리아 예비 수녀가 아르세니오스 신부의 성 유해가 거기에 모셔져 있다는 것을 안 후 한밤 중에 마리아에게 다음과 같은 일이 있었다. 등불을 켜는 시간에 아무도 없는 성당의 입구에 한 성직자가 서 있었다. 그리고 그는 그녀의 눈 앞에서 사라졌다. 그녀는 언젠가 신장이 아픈 병에 몹시 시달리고 있었는데 아르세니오스 신부에게 호소해서 그녀의 건강이 좋아졌다.

소서." 테오토코스(Θεοτόκος)의 어원을 보면 테오스(Θεός)는 하느님을 의미하며, 토코스(τόκος)는 동사인 낳다(τίκτω)의 현재 완료형(τέτοκα)에서 나온다. 그래서 하느님을 낳으신 분이 된다.

내가 이 모든 일들에 대해 들었을 때 빠른 시일 내에 아르세니오스 신부에 대한 자료들을 모을 수 있는 만큼 모아서 그의 생애를 기록해야 한다는 생각을 하였다.

1964년 코니차에 있는 남동생 루카스에게 다른 곳에 흩어져 사는 고향 사람들이 신부와 가졌던 개인적인 접촉에 관한 것이나 또는 신부와 그들 사이에 있었던 서신들 등의 자료를 모아 달라고 부탁하였다.

내가 수집한 이 증거들은 주로 참되고 경건한 사람들로부터 들은 것들이다. 나의 목적은 물론 학문적인 일을 하려고 하는 것이 아니라 단지 사람들이 영적으로 살지게 하기 위하여 아르세니오스 신부의 영적인 부를 모으는 것이다. 신부가 태어난 날 비가 왔는지, 눈이 내렸는지, 터어키인 경비원이 이아흐-기알리 출신인지, 니그디 출신인지는 나에게 관심의 대상이 되지는 않는다. 나는 1971년에 우선 얼마 되지 않는 증거 자료를 가지고 아르세니오스 신부의 생애에 관하여 글을 썼다. 나는 이것을 아기온 오로스(아토스 성산)[20]에 있는 스타브로니키타 수도원의 바실리오스 수도원장과 그리고리오스 신부에게 수정하도록 주었다. 그러나 그들은 내가 쓴 대로 그냥 놔두라고 했으며 단지 몇 부분에만 설명을 더 첨부하고 어떻게 아르세니오스 신부를 알게 되었는지 덧붙이라고 하였다. 나는 아르세니오스 신부의 생애에 대하여 그리고 그가 일으켰던 기적들에 대하여 더 많은 증거들을 보충한 후에 이제 책의 첫 부분을 쓰는 것이다. 이 두 신부들은 독자들이 싫증 내지 않게 하기 위하여 단지 수많은 철자의 오류들만을 수정하였다.[21]

---

[20] 그리스 북쪽의 할키디키 반도에 있으며, 아토스 성산의 높이는 1,932 미터이다. 11세기에 아기온 오로스로 불려졌으며, 아토스의 아타나시오스 성인이 10세기에 첫 번째 수도원 메기스티 라브라를 건축하였다. 20개의 큰 수도원들이 있으며, 많고 작은 수도원들, 수도실들 그리고 켈리(수도사 방)들이 있다. 이곳엔 여성의 출입이 금지되어 있으며, 이 곳에 가려면 방문 허가증이 필요하다. 이 곳은 전세계에서 유일한, 수도원들만 모여있는 지역으로서 정교인들 외에도 수많은 순례객들이 방문하고 있다.

[21] 저자 파이시오스 수도사는 초등학교만을 다녔으므로 자신을 무식한 사람으로 간주하였다. 그러나 그는 하느님의 무수한 축복을 받은 사람이었으며, 하느님의 축복과 은총은 저자로 하여금 배운 사람들보다도 더 많은 것

나는 영적인 깊이가 없는 사람들이 아르세니오스 신부의 행동에 대하여 오해를 하였기 때문에 아르세니오스 신부의 거룩하고도 이상한 면에 대하여 몇 가지 설명하고자 한다.

나는 한 젊은 파라사인이 다음과 같이 말하는 것을 들었다. "하치 에펜디스(아르세니오스) 신부님은 바라시오스(또는 파라사)에서 많은 기적을 일으켰습니다. 그리고 이 기적들은 내 눈으로 직접 보았습니다. 모두들 그의 기도는 돌에도 구멍을 뚫는다고 말하였습니다. 그리스도교인들 그리고 회교도들도 아르세니오스 신부님을 성인으로 인정하였습니다. 왜냐하면 기도로써 병든 사람들을 낫게 하였기 때문입니다. 그렇지만 그 사람은 필라흐토를 나누어 주었으므로 마술사였을 것입니다."

아르세니오스 신부의 생애에 대하여는 다음 장에서 언급할 것인데 신부는 하느님으로부터 은총을 받을 만한 가치가 있었으며 그가 하느님으로부터 받은 많은 은총의 능력들 중에 하나는 불임 여인들을 임신할 수 있게 하는 것이었다. 이것말고도 온갖 종류의 병에 시달리던 여인들을 받아들여 이들을 위하여 기도를 하면 병이 완쾌되었던 것이다. 불임의 경우에는 종이에 기도문를 적어 이것을 접어 필라흐토처럼 하여 보냈다. 여인들은 이것을 경건하게 몸에 간직했는데 이렇게 해서 신부는 여인들의 걱정을 한시름 놓게 하였다. 신부가 이렇게 한 이유(신부가 불임 여인들을 직접 축복하지 않고 기도문을 적어 보낸 것)는 신부를 순수하게 생각하지 않는 사람들이 오해하지 않게 하기 위해서였다. 그는 이 필라흐토를 친척을 통해서, 또는 알고 있는 가족을 통해

을 알게 하였다. 그리스인들 뿐만 아니라 외국인들 역시 그를 찾아 가곤 하였다. 한번은 독일인과 프랑스인이 함께 파이시오스 수도사를 찾아가서 그들의 문제에 대하여 상의하였다. 물론 수도사는 외국어를 몰랐는데, 옆에 있던 한 그리스인이 통역을 하겠다고 말하였다. 그러나 수도사는 통역이 필요치 않다고 말하였다. 그리고 나서 수도사는 외국인들과 대화를 나누었는데, 수도사의 말이 독일인에겐 독일말로 들렸고, 프랑스인에겐 프랑스말로 들렸다. 대화가 끝난 다음 이 두 외국인은 수도사에게 어떻게 그렇게도 외국어를 잘하느냐고 물었다.

서 보냈다. 다른 불임 여성들은 아르세니오스 신부가 축복하여 주기를 바라면서 신부에게 자신들의 머리 쓰개를 보냈다. 그녀들은 축복된 이 머리 쓰개를 경건하게 쓰고 지냈으며 해산할 때도 역시 이 머리 쓰개를 썼다. 또한 몇몇 여인들은 허리에 매는 끈을 하치에펜디스 신부가 축복해 줄 것을 간청하였는데 이것은 불임 여성들이 임신을 하기 위해서였고 또 순조롭게 해산하기 위해서였다. 신부는 이 여성들에게 체라스투피, 즉 등불을 켜기 위해 사용하는 심지나 끈도 보냈다. 안타깝게도 내가 언급한 이 모든 것들을 몇 사람은 마법으로 간주하고 거룩한 신부를 오해하였다.

나는 파라사인들 중에 젊은 부류에 속하는 사람들이 다음과 같이 말하는 것을 들었다. "하치에펜디스 신부님은 성인이었습니다. 그가 우리를 축복하여 주시기를 바랍니다. 우리 마을에는 의사가 없었습니다. 신부님이 아픈 사람들을 위해 기도를 하시면 그들은 곧 나았습니다. 우리는 어려서부터 이러한 기적들을 보아 왔으며 그리고 이것들을 기억하고 있습니다. 그러나 하느님으로부터 축복을 받으신 이 신부님은 매우 괴상한 분입니다. 왜냐하면 세례[22] 받을 때 대부나 대모[23]가 대자

---

[22] 《정교회 기초 교리》, 한국 정교회, 1978, p. 90 : 세례식은 하느님을 믿는 사람이 다음과 같은 목적으로 받는 예식이다. 1) 자기의 원죄(아담과 하와로부터 내려온 죄와 지은 죄를 깨끗이 씻기 위하여, 2) 정신적으로 다시 태어나기 위하여, 3) 교회의 일원이 되기 위하여. 오순절 날 성령을 받은 사도들은 삼천 명에게 세례를 주었다. 주 예수 그리스도께서는 "너희는 가서 이 세상 모든 사람들을 내 제자로 삼아 아버지와 아들과 성령의 이름으로 그들에게 세례를 베풀고 내가 너희에게 명한 모든 것을 지키도록 가르쳐라. 내가 세상 끝날까지 항상 너희와 함께 있겠다." (마태오 28 : 19-20)라고 말씀하셨다. 마태오 3 : 13-16 : 그 즈음에 예수께서 세례를 받으시려고 갈릴래아를 떠나 요르단 강으로 요한을 찾아 오셨다. 그러나 요한은 '제가 선생님께 세례를 받아야 할 터인데 어떻게 선생님께서 제게 오십니까?' 하며 굳이 사양하였다. 예수께서 요한에게 '지금은 내가 하자는 대로 하여라. 우리가 이렇게 해야 하느님께서 원하시는 모든 일이 이루어진다' 하고 대답하셨다. 그제야 요한은 예수께서 하자시는 대로 하였다. 예수께서 세례를 받으시고 물에서 올라 오시자 홀연히 하늘이 열리고 하느님의 성령이 비둘기 모양으로 당신 위에 내려 오시는 것이 보였다.

[23] 《정교회 기초 교리》, 한국 정교회, 1978, p. 90 : 어린 아이는 세례가 무

나 대녀에게 주려는 세례명 대신에 신부님이 원하는 이름을 세례 받는 어린 아이들에게 주셨는데, 그 이름들은 수도사의 이름이거나 히브리인들의 이름이었습니다. 신부님은 대부나 대모가 큰 성인의 이름을 대자나 대녀에게 주지 못하도록 하셨습니다."24) 이것은 사실이다. 그렇지만 신부는 여기에 커다란 진실을 감추고 있었다. 신부는 축일이 없는 이름들을 세례 받는 아이들에게 주었는데, 이렇게 한 목적은 축일에 있는 많은 파티를 없애기 위한 것이었으며, 또 축일 파티로 인해 일어나는 불상사들을 없애기 위한 것이었다. 그래서 그는 축일이 없는 이름들, 즉 아브라함, 이사악, 요셉, 아베르키오스, 요르다니스 등을 선택해서 주었던 것이다. 이 방법으로 말미암아 축일에 있던 파티가 없어졌다. 그 당시에는 모든 사람들이 무기를 가지고 있었으므로 축일 파티에 술에 취해 큰 소동들이 벌어지는 일이 생기곤 하였다. 이렇게 해서 파라사인들에게는 이리저리 돌아다닐 축일이 없어졌으므로 성찬 예배가 끝난 후에는 각자 자기 집으로 가게 되었다. 그리고 나서 잠시 피곤을 푼 후 어른들은 아르세니오스 신부의 켈리25) 옆에 있는 신부의 집에 모이곤 하였다. 거기서 신부는 그 날 축일을 맞는 성인의 생애나 성경에 있는 비유 혹은 구약에 나오는 아브라함, 이사악, 야곱, 요셉에 대하여 옛날 이야기하는 것처럼 이야기해 주었다. 사람들은 이 방법으

엇인지도 모르고 세례를 받기 때문에 그 부모와 대부, 대모(정교인이어야 함)가 어린 아이가 자란 후 교리를 가르쳐 줄 것을 책임지고 세례를 받게 된다.

24) 그리스에서 한 아이가 세례를 받을 때, 대부가 처음으로 대자의 이름을 부른다. 물론 이것은 아이들의 부모들과 상의하여 정해진다. 그리스에서 아이들이 출생하자마자 이름을 지어 출생신고를 하는 것이 아니고, 이름 없이 신고만 하고 세례를 받은 후 정식으로 출생신고를 하게 된다. 이것은 그리스의 국교가 정교회이므로 모든 그리스의 어린이들은 세례를 받아야만 한다.

25) 켈리는 수도사가 개인적으로 사용하는 아주 작은 방이다. 수도원 안에 수도사가 살고 있는 아주 작은 방이 있을 수 있고, 수도원에서 떨어진 곳에 켈리들이 있을 수 있다. 켈리에 아주 작은 성당이 함께 있는 곳도 있다. 아르세니오스신부는 속세에 살면서 그의 집과 켈리가 따로 있었다. 아르세니오스 신부는 이 켈리에서 공부를 하였고 끊임없이 기도하였다.

로 성경을 더 잘 이해를 하게 되었다. 신부의 말이 길어져서 연로한 어른들이 담배를 피우고 싶어져 안절부절못하는 것을 보게 되면 신부는 직접 일어나서 그들에게 담배를 가져다 줌으로써 그들의 마음을 편안하게 하였다. 그래서 사람들은 계속 앉아 있을 수 있었고 신부의 말을 주의해서 들었다. 사람들은 각자 신부로부터 들은 이야기를 자기 집에서 다시 하거나, 또는 저녁에 모인 이웃들에게 옛날 이야기 대신해 주었다. 이러한 방법으로 인자한 신부는 그리스도교인들이 술에 취해 불상사를 일으키거나 그 외 다른 일들로 실수를 하며 축일을 보내지 않고 그 날을 유익하게 보내도록 유도하였다.

파라사의 주민들은 하느님으로부터 바라는 모든 것을 가지고 있었다. 겨울에는 모든 주민들이 자기 집에서 지낼 수 있었고 축제가 많이 있었다. 청년들과 어른들은 무기를 갖고 돌아다녔는데 체테스(회교도들로 구성된 게릴라)가 나타날 때마다 호루라기로 신호를 보내면 마을을 보호하기 위해 즉시 달려 갈 수 있어야만 하였기 때문이다. 이 지역에는 경찰이 없지만 파라사인들의 단결로 체테스는 함부로 돌아다닐 수 없었다. 체테스는 파라사 지역에 있는 여섯 곳의 그리스도교 마을들을 파괴하기 위해 회교도들이 보낸 첩자들이었다. 이 마을들은 터어키령 안에서 그리스의 전통을 지키며 살아가고 있었다. 지혜로운 아르세니오스 신부는 파라사의 이런 좋지 않은 상황에 대처할 방법을 찾았던 것이다. 파라사의 축일 파티에서는 더 이상 불상사가 일어나는 일이 없었다. 그리고 마을은 천천히 조용해졌고 사람들 사이에는 사랑과 조화가 숨쉬기 시작하였다. 신부는 청년들이 터어키인들과의 싸움에서 그들의 혈기왕성함까지도 이롭게 쓸 수 있도록 충고하였다. 아르세니오스 신부는 여러 번 혈기왕성한 청년들에게 다음과 같이 말하곤 하였다. "여러분들의 혈기왕성함은 체테스들이 우리 마을에 발을 들여놓지 못하도록 하는 데만 쓰기를 바랍니다." 정말 신부가 했던 말이 청년들에게서 나타나곤 하였다. 나의 부친은 청년들에 대하여 다음과 같이 말하곤 하였다. "체테스들이 올 때마다 혈기 왕성한 많은 청년들은 눈 싸움하러 가는 것처럼 그들과 싸우기 위하여 달려 가곤 했었단다. 나는 이런 모습을 보면서 마음 속에서 일어나는 감동을 참을 수 없었단다." 결과를 두고 보면 아르세니오스 신부는 다음과 같은 것들을 생각하였음에 틀림없다. 첫째로 회교도들(체테스)이 파라사에 오면 무슨 나쁜 짓을 할 것인가? 둘째로 파라사인들이 축일에 술에 취해 돌아 다니면서 그들 사이가 오해로 분열되거나 칼싸움을 하면 무슨 나쁜 일이 일어날 것인가? 아르세니오스 신부가 청년들에게 한 충고는 회교도들이 파라사를 약탈하고 강탈하는 데 종지부를 찍는 좋은 기회가 되었다. 왜냐하면 그리스인들끼리 서로 치고 박고 싸우지 않으면 회교도들만으로는 그리스인들을 결코 이길 수 없었기 때문이다.

결과적으로 아르세니오스 신부가 축일이 없는 이름으로 아이들에게 세례를 주고 대자나 대녀의 세례명에 대하여 대부나 대모의 의향을 따르지 않은 것은 잘 한 일이다. 하지만 신부의 깊은 생각을 이해하지 못한 사람들은 유감스럽게도 신부의 지혜를 이상한 성격 탓으로 오해했다.

신부가 부여한 세례명들에는 영적인 깊이가 있었는데 남자 이름들 이외에 여성 이름[26] 역시 위와 비슷한 식의 세례명이었다. 이 이름들 속에는 또한 예루살렘, 게쎄마니, 아티나[27] 같이 지명도 있었다. 신부는 카파도키아 깊숙이 살고 있었던 그리스인들이 모국 그리스를 잊지 않게 하기 위해 이런 이름을 세례명으로 주었다.

아르세니오스 신부의 이상야릇함은 이런 식이었는데 많은 부분에서 다양한 방법으로 나타나게 된다. 신부는 인격적으로 그가 가지고 있던 장점들과 좋은 점들을 감추기 위해 애썼다. 신부는 사람들이 그에 대해 칭찬을 하거나 감탄하지 못하도록 사람들에게 그가 인격적으로 가

---

[26] 그리스어는 관사, 명사 그리고 형용사에 있어서 성의 구별이 있다. 즉 남성, 여성 그리고 중성이다.
[27] 원래 이름일 경우 악센트가 끝 음절 - 아티나($A\theta\eta\nu\acute{\alpha}$) - 에 있는데, 신부는 단어의 중간 음절 즉 '티'에 악센트가 오는 이름으로 세례를 주었다. 다시 말해서 아티나($A\theta\eta\nu\acute{\alpha}$)는 그리스의 수도인 아테네를 의미한다.

지고 있는 좋은 점들을 반대로 내보이려고 노력하였다.

독자들에게 솔직하게 말하는데, 나는 신부의 이 거룩한 이상야릇함에 감동을 받았다. 독자들은 신부의 삶에서, 특히 신부가 하느님의 힘으로 일으켰던 많은 기적들 속에서 그의 이상한 점들을 보게 될 것이다. 이 이상함과 성을 잘 내거나 폭식을 한다거나 기타 여러 가지를 하는 모습은 사람들의 눈으로부터 그리고 사람들의 쓸데없는 칭찬으로부터 그의 깨끗한 영혼을 보호하기 위한 가식이었다. 사람들은 신부를 성인이라고 부르는 것보다 이상한 사람 또는 화를 잘 내는 사람 또는 미친 사람으로 부르기를 좋아하였다.

모든 사실들을 종합하면, 신부는 깊이가 있고 선과 덕을 겸비한 고행 신부들(옛날의 카파도키아인들) 중에 한 사람이었다. 그러나 카파도키아인 아르세니오스 신부는 다양한 방법으로 그가 인격적으로 가지고 있는 좋은 점들을 감추는 데 성공하였다. 그 결과는 명약관화한 것이었는데 신부를 겉으로만 판단하고 잘 모르는 사람들은 신부를 보고 싶어하지 않았고, 신부가 사용한 방법인 괴상함과 가장된 면 때문에 사람들은 신부를 오해하였다.

독자 여러분! 아르세니오스 신부는 아직 밝혀지지 않은 많은 것들을 가지고 있었습니다. 나는 아르세니오스 신부가 가지고 있었던 밝혀지지 않은 좋은 점들을 아직은 모두 밝힐 수가 없습니다. 그 이유는 내가 큰 죄인이기 때문입니다. 지금은 이것을 밝힐 수 없지만 언젠가는 밝힐 수 있게 되기를 기대합니다. 나를 위해 기도하여 주십시오.

또한 선한 아르세니오스 신부가 나에게 준 그의 이름[28]을 더럽힌 것

---

28) ≪정교회를 알고 계십니까?≫, 한국 정교회, p. 34 : 정교회는 아주 초기부터 기혼자와 독신자 양쪽을 다 사제직의 모든 직분에 받아들였다. 제6차 세계 공의회(681년)는 규범 제 12조와 48조에서 사제와 보제의 직분에 기혼자와 독신자 양쪽을 다 허락하였다. 그러나 주교들에게는 독신이기를 요청했다 그리스 정교회에선 누군가가 결혼하지 않고 신부가 되는 경우 이름을 바꾸는 반면, 결혼하고 신부가 되는 경우 이름을 바꾸지 않는다. 신부가 되기 전 서자의 이름이 아르세니오스였다. 즉 아르세니오스 신부는

에 대하여 신부가 나를 용서하기를 기도합니다. 내가 아르세니오스 신부를 닮기 위해서 아무것도 하지 않은 것 역시 사실이다. 나는 못된 인간처럼 행동하였음에도 불구하고 너그럽고 관대한 아르세니오스 신부는 그리스도를 따르는 사람으로서 사랑으로 나를 가르쳤다. 신부는 매우 게으르고 무감각한 내가 제 정신을 차리게 하고 깨우치게 하려고, 오래 전부터 그의 모든 사랑을 한꺼번에 나에게 주려고 모아 두었던 것 같다.

나는 내가 가지고 있던 자료를 바탕으로 이미 아르세니오스 신부의 생애에 대한 글을 마쳤다. 그 날 1971년 2월 21일은 테오도로스 성인 축일이었으며 또한 영혼 토요일[29]이었다. 나는 혹시 어른들로부터 들어온 파라사 사투리를 잘못 번역한 것이 있는지 수정하기 위해 내가 쓴 글을 읽고 있었다. 해가 지기에는 두 시간의 여유가 있었다. 내가 그 글을 읽고 있는 동안 아르세니오스 신부가 나를 찾아왔다. 선생님이 시험을 잘 치른 학생의 머리를 쓰다듬어 주는 것처럼 아르세니오스 신부 역시 그렇게 하였다. 표현할 길 없는 다정함과 하늘나라의 환희가 나의 마음 속을 가득 채웠다. 나는 이것을 감당할 수 없었다. 나는 미친 사람처럼 밖으로 뛰쳐 나가 나의 오두막 집이 있는 지역을 지나면서 아르세니오스 신부를 부르기 시작하였다. 그를 발견할 수 있을 것 같았기 때문이었다. 다행스럽게도 그 시간에는 방문객이 없었다.[30]

저자가 세례를 받을 때, 자기의 이름을 저자에게 준 것이다. 아르세니오스 신부는 앞을 내다볼 수 있는 은총으로 저자가 수도사가 될 것이라는 것을 알고 있었다.

29) 정교회에서 사순절(부활절 전 40일간)에 금식을 한다. 이 기간 중에 유제품과 고기를 먹지 않으며, 성대주간엔 기름도 먹지 않는다. 금식을 갑자기 시작하는 것이 아니라 한 주간은 고기를 먹지않는 반면 유제품은 먹을 수 있다. 그 다음 주엔 유제품도 허락하지 않는다. 금식이 정식으로 시작되는 첫 월요일($καθαρά\ Δευτέρα$)에 그리스인들은 연을 날린다. 이 고기를 먹지 않는 주일의 전 토요일이 영혼 토요일로서 살아있는 사람들이 그들의 조상들을 위해 콜리바($κόλλυβα$-추모밥: 껍질 만 벗긴 삶은 밀에 마른 포도, 설탕 등을 넣어 만든 것)를 만들어 성당으로 가져간다. 그러면 신부는 이 영혼들을 위하여 예식을 진행한다. 이것의 목적은 하느님이 영혼들을 편히 쉬게 하여 주시고, 구원하여 주시기를 바라는 것이다.

누가 만일 이런 나의 모습을 보았다면 나에 대하여 불안해졌을 것이다. 그리고 나는 불안해 하는 방문객을 진정시키기 위하여 이 거룩한 열광에 대한 이유를 방문객에게 설명할 수는 없었을 것이다. '나의 신부님, 나의 신부님!'하고 크게 외치기도 했고 '나의 하느님, 나의 하느님, 오늘 밤에 무엇이 일어날지 제가 볼 때까지 저를 꼭 껴안아 주소서!'하고 외치기도 하였다. 왜냐하면 하느님이 도와주시지 않으셨다면 흙으로 빚어진 내가 천국의 그 큰 온화함과 그윽함을 감당하기란 불가능하였기 때문이었다. 밤이 되었을 때, 내가 신부를 찾을 수 있을 거라고 생각했던 희망은 사라졌다. 나는 닭 쫓던 개처럼 하늘만 쳐다보았다. 나의 켈리에서 나를 진정시킬 수 있었던 것은 예수님[31]이 승천하신 날[32]을 기억하고 나서였다. 그리스도께서는 사십일 간을 제자들과 성모 마리아와 함께 계시다가 승천의 날에 한순간에 그들 눈 앞에서 하늘로 사라지셨다. 나는 방으로 들어갔고 다시 그 온화함과 그윽함을 느꼈으며 이 느낌은 밤새도록 계속되었다. 그렇지만 이것은 나를 생각에 잠기게 하였다. 수도사인 내가 대여섯 번 기도매듭[33]으로 기도했기

---

30) 파이시오스 수도사가 머물던 그의 오두막 집엔 항상 수 많은 방문객들이 모여들었다. 방문객들은 그들의 개인식인 문제나 가정의 문제 또는 건강에 대한 문제를 파이시오스 수도사와 의논하고, 파이시오스 수노사가 그들을 위해 기도하고 축복하여 줄 것을 간청하였다.

31) ≪정교회 기초 교리≫, 한국 정교회, 1978, p. 52 : 하느님의 아들인 우리 주 예수 그리스도는 삼위일체 중 제2위이신 성자이다. 예수 그리스도는 하느님의 독생자로서 창조주이신 하느님으로부터 나신 하느님과 같은 속성을 가지고 계신 참 신인 것이다. 하느님께서는 빛이시므로 예수님은 빛으로부터 나신 빛이시다. 하느님께서 영원히 존재하시는 것처럼, 성자는 영원히 존재하며 하느님이 완전하신 바와 같이 성지도 완전하시다. 또한 성부와 성자는 일체이시다. p. 54 : 하느님께서는 크신 사랑으로써 우리 인간의 죄를 용서해 주시고 구원해 주시기 위하여 그리스도는 이 세상에 한 인간으로 오신 것이다. 그것도 아무 힘도 없는 어린 애기로 태어나서 우리와 같은 보통 인간들 사이에서 완전한 사람으로서 살았던 것이다. 하느님의 아들이 사람이 되신 목적은 인간이 다시 하느님의 사랑을 찾고 하느님의 품으로 돌아가게 하기 위한 것이었다.

32) 사도행전 1,9-10 : 예수께서는 이 말씀을 하시고 사도들이 보는 앞에서 승천하셨는데 마침내 구름에 싸여 그 모습이 보이지 않게 되셨다. 예수께서 하늘로 올라 가시는 동안 그들은 하늘만을 쳐다보고 있었다.

에 선하시고 정의로우신 하느님께서 나의 크고 많은 죄를 사해 주시려고 천국의 온화함과 함께 아르세니오스 신부를 내게 보내신 것이나 아닐까? 그러나 독자 여러분! 저는 잘 모르겠습니다. 그러므로 여러분들에게 죄송하지만 하느님이 나를 불쌍히 여기시도록 기도하여 주십시오.

선한 신부가 내게 두 번째로 나타난 것은 한밤 중에 철야 예배를 할 때였다. 그 날은 1971년 3월 29일이었고 예수님의 예루살렘 입성 전날[34]로서 성 브라히시오스 순교자 그리고 성 요나스 순교자의 축일에 대한 철야 예배 때였다. 나는 한밤 중에 앉아서 기도를 하고 있는 동안에 잠을 자고 있었는지 아니면 깨어 있었는지 알 수가 없다. 나는 추수를 위해 밀이 영글어 있는 끝 없는 평야를 보았다. 감독하는 사람도 없이 많은 농부들이 자진해서 추수를 하고 있었다. 평야의 맞은 편에는 공동 묘지가 넓은 평야의 한 끝에서 다른 끝까지 펼쳐져 있었다. 평야의 다른 구역에는 건물이 한 채 있었는데 이 건물에는 무선 통신사들이 있었고 그리고 한 명의 장교가 감독을 하고 있었다. 이 장교는 가끔씩 밖에 나와서 다음과 같이 말하면서 추수하는 사람들을 꾸짖었다.

"그리스도께서 여러분들의 임금을 지급하실 텐데 왜 추수를 하지 않습니까?"

나는 이 넓은 밭에 추수하기 위한, 나의 몫으로 된 작은 구역을 가지고 있었다. 그리고 또한 무선통신국 책임자로서 작은 사무실도 갖고 있었다. 그래서 추수도 하고 사무실로 모인 신호들을 보내기 위해 사무실로 달려 가기도 하였다. 나는 사무실에 갈 때마다 이 장교가 사무

---

[33] 기도매듭($\kappa o \mu\pi o\sigma\kappa o i\nu\iota$ 콤보스키니)의 어원을 살펴보면 콤보스($\kappa \acute{o}\mu\pi o\varsigma$)는 '매듭', '꼬임'을 의미하며 스키니($\sigma\kappa o i\nu\iota$)는 '끈', '줄'을 의미한다. 즉 '매듭으로 된 끈'을 의미한다. 검은 털실 같은 것으로 십자형으로 묶으면서 매듭처럼 만든 것이다. 기도매듭의 크기에 따라 33개, 50개, 100개 또는 300개의 매듭으로 만들어진다. 이것을 하나 하나 세어가면서 '주 예수 그리스도 하느님의 아들이시여, 죄인인 나를 불쌍히 여기소서.'라는 예수 기도를 한다.

[34] 이 날짜는 부활절이 정해지는 날짜에 따라 변경된다.

▲ 성모 마리아
　성 요한 복음사도 수도원

실에서 나의 신호들을 보내려고 앉아 있는 것을 발견하였다. 이것이 나의 입장을 난처하게 하였지만 내 일을 계속하기 위하여 그에게 일어나라고 말할 용기는 없었다. 그리고 또한 내가 이 자리를 떠나는 것 역시 옳지 않고 내 일 때문에 이 장교를 피곤하게 하는 것도 옳지 않다고 판단하였다. 나는 장교가 일을 끝마칠 때까지 예의를 갖추고 서서 기다리는 것이 옳으며 그러고 나서 다시 추수하러 가는 것이 옳다고 생각하였다. 이것은 여러 번 반복되었다. 한번은 신호를 보내기 위해 달려 가다가 또 이 장교가 추수를 하지 않는 사람들을 꾸짖는 것을 보았다.

"그리스도께서 여러분들의 임금을 지불하실 텐데 왜 추수를 하지 않습니까?"

나는 장교가 무서웠기 때문에 나에게도 화를 내지 않도록 하기 위해 겁에 질린 채로 다음과 같이 말하였다.

"죄송합니다만 저는 폐가 하나만 있어35) 많은 일을 할 수가 없습니다."

장교는 나에게 대답하였다.

"네 폐가 하나만 남아있다는 것은 나도 알고 있네. 내가 자네를 더 사랑하게 하는 것은 사람들이 우체국을 통해서 자네에게 보내는 돈을 받아들이지 않는다는 점 때문일세.36) 나는 우체국에서도 자네를 눈여

---

35) 저자 파이시오스 수도사는 기관지병에 시달렸으므로, 오른쪽 폐를 제거하였다. 그래서 왼쪽의 폐만 남게 되었다. 그는 다른 사람들의 병들에 대하여 하느님께서 고쳐주실 것을 항상 기도하였다. 그러나 한 번을 제외하고 자신에 대하여 기도를 하지 않았다. 이 한 번의 기도는 '자신에게 암을 달라'고 한 것이다. 그래서 하느님은 그에게 암을 주셨고, 그는 암에 시달리면서도 이 시달림을 기쁜 마음으로 받아들였다. 이러한 상황에 있었음에도 불구하고 그는 수 많은 사람들의 병을 하느님의 은총으로 고쳐 주었고, 고난과 시련에 시달리는 사람들을 위로해 주었다. 사람들은 잠시도 그를 가만히 놓아두지 않았다. 그가 병원에 입원하였을 때조차 사람들은 그를 찾아 가서 도움을 요청하였다. 사람들에 대한 그의 사랑은 자신을 생각치 않게 하였다. 결국 그는 암으로 이 세상을 떠났다.
36) 사람들이 저자에게 물건을 보내거나 돈을 보내면, 저자는 이것들을 다른 사람들에게 나누어 주었다. 그래서 저자는 그의 손에 아무 것도 가진 것이 없었다.

겨본다네."

계속해서 이 장교는 바퀴도 없고 날개도 없는 이상한 차로 나를 데리고 갔는데 이 차는 땅 위에서 번개처럼 달렸다. 우리는 차 속에서 서로 가까이 서 있었는데 그는 내가 어디 출신이고 내 이름이 무엇인지를 물었다. 나는 그가 장교이기 때문에 내가 수도사가 되기 전의 이름을 말하는 것이 좋을 것이라고 생각하여 다음과 같이 대답하였다.

"저는 아르세니오스이고 카파도키아의 파라사에서 태어났습니다."

그는 나에게 말하였다.

"나 역시 파라사 출신이며, 차파리스(후랑구 또는 후랑고-풀로스 성에 대한 별명) 가문이라네."

그는 내게 또 질문하였다.

"자네는 하치에펜디스를 아는가?"

나는 그에게 대답하였다.

"어떻게 제가 그를 모를 수 있단 말입니까?"

내가 이렇게 대답하자마자 장교는 모습을 바꾸어 하치에펜디스 신부(다시 말해서 아르세니오스 신부)로 변했다. 그리고 나서 나를 포옹하더니 뺨에 키스를 하였다. 신부는 큰 소리로 외쳤다. "정차, 정차!" 차가 멈추었다. 그리고 아르세니오스 신부는 나에게 말하였다.

"자넨 여기서 내리게. 나는 테살로니키 근처에 살기 때문에 거기서 내릴 것이네."

▲ 저자인 파이시오스 수도사
성 요한 복음사도 수도원의 아르세니오스 성 유해가 있는 곳에서

아르세니오스 성인의 생애

아르세니오스 신부는 1840년경 파라사(바라시오스)에서 태어났는데 정확히 카파도키아의 파라사 지방에 있는 정교인들로 구성된 여섯 마을들37) 중에 하나인 케팔로호리에서 태어났다. 그의 부모는 선과 덕을 갖춘 분들로서 경제적으로 넉넉히 살았다. 그의 아버지는 선생이었고 이름은 엘레프테리오스(또는 그의 성지 순례 여행에 의해 붙여진 하치엘레프테리스)이다. 그의 성은 아니찰리호스 또는 아르치디스(그의 별명38))이었다. 아르세니오스 신부의 어머니 이름은 바르바라였고 그녀의 가문은 차파리스라는 별명을 가진 프랑구 또는 프랑고풀로스였다. 그들에겐 두 명의 아들이 있었는데 이름은 블라시오스와 테오도로스39)(아르세니오스 신부)였다. 이 아이들은 어린 나이에 부모를 잃었다. 먼저 아버지가, 그리고 얼마 후에 어머니가 세상을 떠났다. 그 후 파라사에 사는 이모가 이 아이들을 키웠다.

어느 날 블라시오스는 동생 테오도로스를 데리고 함께 급류가 흐르는 에브가시 시내 가까이에 있는, 부모가 유산으로 남겨놓은 밭을 향하여 갔다. 그런데 테오도로스가 시냇물을 건너다가 급류에 휩말리게 되었다. 그 때 블라시오스가 있던 근처에는 성 요르기오스40) 소성당이

---

37) 케팔로호리, 아프사르-키오이, 키스카, 사티, 추푸르, 그리고 프로시.
38) 그리스인들의 성은 별명에서 오는 경우가 많다.
39) 테오도로스 ($\Theta\epsilon o\delta\omega\rho o\varsigma$) 의 어원을 보면 $\Theta\epsilon o\varsigma$는 '하느님'을 뜻하고, $\delta\omega\rho o$는 '선물'을 의미한다. 이 두 단어가 합쳐져 '하느님의 선물'이 된다.
40) 요르기오스 성인의 축일은 원래 4월 23일이다. 그렇지만 부활절이 4월 23일 이후이면 부활절 다음 날이 요르기오스 성인의 축일이 된다. 부활절이

있었다. 블라시오스는 자기 때문에 동생이 위험에 빠진 것에 양심의 가책을 받아 요르기오스 성인에게 동생을 구해달라고 울면서 간곡히 간청했는데 문득 그의 곁에 테오도로스가 서 있는 것을 보았다. 테오도로스는 어떤 신부처럼 생긴 말 탄 사람[41]이 자기를 붙잡아 급류로부터 구해서 말 위에 올려 놓은 다음 다시 땅 위에 내려 주었다고 형에게 이야기하였다. 그 때부터 테오도로스는 자기는 신부가 될 것이라고 말하였다. 하느님은 이 방법을 통해 테오도로스가 어릴 때부터 옳은 길을 가도록 인도하셨다. 이 사건은 블라시오스에게도 영향을 미쳤는데 그는 자기 나름대로 하느님께 헌신하였다. 그는 비잔틴 음악 교사로서 하느님을 찬양하였으며 나중에는 콘스탄티노플로 갔다.

테오도로스가 더 자라자 이모는 그를 교육시키기 위해 니그디로 보냈다. 거기서는 고모가 그를 보호하였는데 그녀는 초등 학교 선생이었다. 테오도로스가 니그디에서 학교를 마쳤을 때 고모는 조카가 매우 영리하다는 것을 알고 즈미르니에 있는 친척과 연락하여 공부를 계속 할 수 있도록 하였다.

테오도로스는 방학 때마다 파라사에 가곤 하였는데 부모님이 살던 집에 아이들을 모아 그가 알고 있는 것을 아이들에게 가르쳤다. 그는 아이들이 까불지 못하도록 엄격하게 가르쳤다. 아이들은 터어키 지배 하에서 선생에게 배운 일이 거의 없었기 때문에 매우 극성스러웠으며 난폭하게 굴기도 하였다. 테오도로스는 방학 동안 쉬기 위해서 파라사

4월 23일 전에 있으면, 4월 23일에 축일을 지낸다. 성인은 275년경 카파도키아에서 태어났다. 18세에 로마제국의 군에 들어간 그는 완벽함을 좋아하였으므로 일찍 출세하여 높은 직책을 맡게 된다. 28세가 되던 해에 디오클리티아노스 황제는 그리스도교인들을 박해한다. 그가 그리스도교인임을 밝혔을 때, 황제는 참을 수 없는 수많은 고문을 가하였다. 그 때마다 하느님의 기적에 의해 성인은 살아 남았다. 나중에는 날카로운 톱니가 있는 바퀴로 그의 몸에 심한 상처를 낸 다음, 쇠로 된 신발을 신겨 뜨거운 석회가 있는 구덩이로 그를 밀어 넣기도 하였다. 그럼에도 불구하고 하느님은 그를 살려 주셨다. 이것은 우상 숭배자들이 그리스도교인으로 되는 계기가 되었다. 결국 디오클리티아노스 황제가 목을 잘랐으므로 그는 순교하게 된다. 요르기오스 성인은 군인들의 보호자이다.

41) 요르기오스 성인

에 갔지만 아이들에게 교회에 관한 서적들을 가르치는 것으로 휴식을 대신하였다.

그러나 테오도로스가 파라사에 다시 갔을 때는 불행하게도 며칠밖에는 머무를 수 없었는데, 그것은 이모가 그를 결혼시켜 시골에 남게 하려고 하였기 때문이었다. 게다가 이모는 테오도로스 몰래 중매를 해 두었다.

어느 날, 이모가 그에게 말하였다.

"암바로글리스의 딸 바실리키에게 너와 결혼하라고 중매를 하였는데 그녀는 거절하면서 다음과 같이 내게 말하였단다. '테오도로스는 착한 사람으로서 가문도 좋고 많이 배운 사람입니다. 그러나 그는 신부가 될 사람입니다. 제가 신부가 될 사람과 결혼하란 말인가요?'"

테오도로스는 이 말을 듣고 속이 상해서 이모에게 불평을 털어놓았다.

"다른 사람들은 다 제가 신부가 될 것이라는 것을 알고 있는데 이모님께서는 아직도 저를 모르십니까?"

테오도로스는 다음 날 지체하지 않고 스미르니를 향하여 떠났다. 거기서 그는 그리스어와 교회 서적을 공부하는 것뿐만 아니라 영어와 터어키어노 배있으며 붉어도 약간 배웠다. 그는 공부를 마치고 다시 파라사로 가서 이모와 작별한 다음 니그디로 가서 고노와도 가변하였다, 그리고 나서 케사리아로 갔다. 그가 수도 생활을 하려고 플라비아나(진지-데레)에 있는 성 세례 요한 수도원42)에 들어갔을 때 스물여섯 살이었다. 그는 거기서 수도사로 서품되었으며 이름은 아르세니오스로 바뀌었다.

그러나 코르치노글로스의 증언에 의하넌 그는 불행하게도 수도원의 정적과 평화를 만끽할 수 없었다. 그 당시에는 교사들이 필요하였기 때문에 아직 살아있던 파이시오스 2세 주교는 아르세니오스 수도사를 보제로 서품하여 아무도 돌보지 않는 아이들을 가르치도록 파라사로

---

42) 케사리아에서 15킬로 떨어진 곳에 있으며, 사바스 성인이 수도사 생활을 시작한 곳이다.

보냈다.

　아르세니오스 보제는 고향으로 되돌아 온 뒤 파라사인들에게서 무지와 무식의 어두움을 쫓아내기 위해 하느님을 향한 열성을 가지고 일을 하기 시작하였다. 이 무지과 무식에 의한 어두움의 원인은 물론 회교도들이었다. 회교도들은 그리스의 전통을 지키고 있는 파라사의 여섯 개의 그리스도교 마을들을 눈에 든 가시로 보아 왔다. 그래서 그는 젊은 나이였음에도 불구하고, 소리없이 묵묵하게 그리고 분별력 있게 일을 진행시켜 나아갔다. 그는 아이들을 가르치기 위해 교실을 마련하고 책상 대신 염소나 양의 가죽을 바닥에 놓고서 그 위에 아이들이 무릎을 꿇고서 수업을 듣게 하였다. 이것은 현명한 방법이었는데, 회교도들이 공부를 하고 있는 아이들을 보게 되더라도 기도를 하고 있다고 생각하였기 때문에 그들의 화를 돋우지 않았던 것이다. 신부는 아이들 대부분을 바위에 있는 성모 마리아 소성당(엑소클리시[43])에 모았다. 이곳은 높은 곳에 있었으므로 바위로 된 동굴 속을 비밀 학교[44]로 이용하였다.

　이 방법은 나중에 회교도들로부터 피신하는 데도 도움이 되었다. 그 당시 러시아 정교회가 회교도들에게 압력을 가해서 그리스도교인들에게 어느 정도 자유가 주어졌지만 아직도 파라사엔 항상 공포가 도사리고 있었다. 이것은 파라사가 카파도키아의 깊숙한 곳에 자리잡고 있던 관계로 외부와의 접촉이 어려웠기 때문이었다.

　그는 보제로서 서른 살 정도까지 아이들을 가르쳤다. 그 후 그는 케사리아에서 대신부[45]로 서품을 받았고 고해 신부[46]로 축복을 받았다.

---

[43] 이 단어의 의미를 보면 엑소($\xi\xi\omega$)는 밖을 의미하며, 클리시 ($\kappa\lambda\eta\sigma\iota$) 는 에클리시아($\varepsilon\kappa\kappa\lambda\eta\sigma\iota\alpha$)에서 연유하며 교회를 의미한다. 이 두 단어가 합쳐져 엑소클리시($\varepsilon\xi\omega\kappa\lambda\eta\sigma\iota$)가 되는데 즉 교외에 있는 작은 성당(소성당)를 의미한다. 엑소클리시는 개인이 만든 경우가 많으며, 들판에 많이 있다. 성모 마리아 엑소클리시는 가파른 절벽으로 된 바위의 큰 동굴 속에 있었다.

[44] 그리스가 터어키 지배하에 있을 때, 터어키 당국의 허가 없이 그리스인들은 비밀학교를 만들어 아이들을 가르쳤다. 주로 수도원이나 성당에서 이 비밀학교가 운영되었다.

서품을 받은 후에는 케사리아를 떠나 우선 성지 순례를 한 다음 파라사로 돌아갔다. 파라사인들은 그때부터 그를 하치에펜디스 신부라고 불렀다.

이 때부터 그의 영적인 활동이 시작되어 점점 크게 퍼져 나아갔다. 그는 근처에 있는 마을들과 먼 곳에 있는 도시들로부터 자선금도 모아야 했다. 그가 자선금을 가지고 해야 할 가장 큰 일은 여러 마을에 흩어져 회교도들과 섞여서 살고 있는 그리스인들이 그리스인 그리스도교인들과 연락하게 하고 또한 회교도들의 압박과 협박 때문에 어렵고 혼란하고 혹독한 시절을 보내고 있는 사람들을 정신적으로 강하게 하는 일이었다. 공포에 질린 정교인들을 많이 도와 주어 그들의 믿음을 더 강하게 한 다음 영적으로 흔들리지 않게 하는 것이 그의 뜻이었던 것이다. 그리고 그는 사람들을 격려해 주는 것을 단지 말로만 하지 않고 행동으로 실천하였다. 이것은 아르세니오스 신부가 일으킨 기적들을 통해서 눈으로 직접 볼 수 있었다. 하느님의 은총이 충만했던 아르세니오스 신부는 정신적으로 근심과 괴로움에 시달리던 사람들과 육체적으로 고통에 시달리던 아픈 사람들을 치유해 주었다. 신부가 행하는 기적들을 볼 때마다 정교인들의 믿음은 더욱 강해졌다. 그리고 그들의 믿음 속에는 크고 강한 힘이 있다는 것을 눈으로 직접 확인했다.

이 기적들은 회교도들도 보아 왔는데 그들을 정교인이 되게 할 수는 없었지만 정교인들을 못살게 구는 일을 어느 정도 멈추게는 했다.

---

45) '대신부'는 결혼하지 않은 신부를 의미한다. 그러나 정교회에서는 결혼한 사람도 성직자가 될 수 있고 신부로 불린다.

46) ≪고백성사≫, 한국정교회, p. 7-8 : 하느님은 세례 후에 하느님의 계명과 법을 어기는 사람이 그 잘못을 뉘우칠 때, 그 영혼을 깨끗하게 하는 나른 수단을 마련하셨다. 이 성스러운 수단이 곧 고백성사이다. 고백성사는 정교회의 7대 성사 중의 하나이다. ≪정교회 기초 교리≫, 한국정교회, 1978, p. 98 : 이 성사는 우리 주님 자신이 정하신 것이다. 예수께서 승천하시기 전에 모든 사람들을 위해 제자들에게 자기 이름으로 죄인들을 용서해 주라는 말씀을 하셨다. 즉 죄를 용서하는 권한을 주신 것이다. '누구의 죄든지 너희가 용서해 주면 그들의 죄는 용서 받을 것이고 용서해 주지 않으면, 용서받지 못한 채 남아 있을 것이다.'(요한 20,23) 제자들에게 주신 이 권한은 주교들과 사제들에게 전해서 내려오는 것이다.

▲ 파라사
바위에 있는 성모 마리아 교외 소성당 입구가 보인다.

신부는 그가 가는 곳마다 그의 기도로 낫게 하기 위해 사람들이 아픈 사람들을 데려가면 그들이 그리스도교인인지 아니면 회교도인지를 결코 구분하지 않았다. 단지 적당한 기도문을 찾기 위해 환자가 어떤 병을 앓고 있는지를 물었을 뿐이다. 신부가 하느님의 은총으로 환자를 고쳐 준 것은 회교도들로 하여금 정교회의 커다란 가치를 깨닫게 하고 정교회에 대해 경의를 표하게 만들었다.

언젠가 아르세니오스 신부가 성가대원 프로드로모스와 함께 마을들을 돌아다닐 때, 시나소스라는 마을을 지나게 되었다. 그 마을에 살고 있던 회교도들은 아르세니오스 신부가 그 곳의 정교인들과 만나는 것을 방해하였다. 아르세니오스 신부는 다음과 같이 프로드로모스에게 말한 것 말고는 다른 말은 전혀 하지 않았다. "이곳을 떠나야 하겠네. 곧 우리를 잡으려고 달려오는 회교도들을 볼 것일세." 하치에펜디스 신부는 마을을 떠난 지 30분이 지났을 때 무릎을 꿇고 두 손을 하늘로 향해 들고 기도를 하였다. 날씨가 좋았음에도 불구하고 한 순간에 구름이 모이더니 비―강한 바람을 동반한 호우―가 내리기 시작하였다. 시나소스 마을 사람들은 겁에 질렸고 공포에 떨었다. 회교도들은 곧 그들의 실못을 깨닫고 서둘러 신부에게 두 명의 대표를 말에 태워 보냈다. 신부를 찾았을 때 모두 신부의 발 앞에 엎드렸으니. 그리고 마을의 모든 사람들을 대표하여 간곡히 용서를 빌었다. 아르세니오스 신부는 그들을 용서하였고 다시 시나소스로 돌아갔다. 그리고 나서 마을을 사방으로 나누어 네 번 성호를 그었다. 그랬더니 즉시 비가 멈추고 하늘은 다시 맑아졌다.

신부는 많은 일을 했고 매우 피로하였다. 시제로서 해야만 하는 많은 일들과 수도사로서 지켜야만 하는 의무를 게을리 하지 않았고 아이들에게 교회에 대해서 가르쳤으며 가깝고 먼 마을들을 순회하여야만 했다. 그렇지만 그는 다른 사람들이 자신으로부터 도움을 받고 영적으로 위안을 받는 것을 보면서 휴식을 취하는 것처럼 느꼈다. 그는 하느님을 매우 경외하였고 하느님의 창조물 즉 사람들을 자신보다 더 사랑하였다. 다른 사람들의 큰 아픔과 고통을 볼 때마다 그리고 터어키의 압력을 볼 때마다 그의 사랑은 자신이 살고 있는 마을 주민들뿐만 아니라 주위에 있는 마을 주민들까지도 감싸안았다.

  신부는 정교에 대하여 지극히 예민한 감성을 지니고 있었기 때문에 자신의 어린 양들에 대하여 책임감을 뼈저리게 느꼈다. 그는 어떻게 이 양들을 양의 가죽을 쓴 이리인 이단교인들로부터 보호할 것인가에 대해 매우 조심하고 경계하였다. 이단교인들은 사람들을 개종시킬 목적으로 보내진 선생들과 함께 아시아에서 준동하였다. 그래서 아르세니오스 신부는 마을에서 가장 많이 배운 세 사람을 선생으로 채용하였고 외부로부터는 아무도 받아들이지 않았다. 처음에는 회교도들로 인한 공포가 매우 커서 학교는 비밀로 운영되었다. 하지만 나중에는 이단교인들로 인해 공포가 더 커지게 되었다. 그들은 아이들이 갖고 있는 정교의 믿음을 오염시키려 하였다.

  한번은 이단교인들이 선생을 한 명 파라사에 보냈다. 이 이단교 선생은 파라사에 도착하자마자 쿱시스의 집에서 쿱시스와 함께 머물게 해달라고 요청하였다. 쿱시스는 사람들을 개종시킬 것을 목적으로 이단교인들로부터 돈을 받아 왔다. 신부는 이단교 선생이 왔다는 소식을 들었을 때 지체하지 않고 그를 만나서 다음과 같이 말하였다. "짐을 풀기 전에 자네가 가지고 온 짐을 가지고 곧 이곳을 떠나게. 파라사는 이단교인을 원치 않네. 여기 있는 한 사람으로 이미 족하네. 그는 터어키인으로서 오래 전부터 이곳에 있었다네." 그리고 난 후 신부는 성당에서 말하였다. "쿱시스에게 인사를 하거나 말을 걸지 마십시오."47) 이것은 말벌, 즉 쿱시스를 고립시키는 유일한 해결 방법이었는데 쿱시스는 계속해서 특히 젊은이들을 중점적으로 자극하였다. 그는 다정다감한 사람들의 마음 속에 망상의 독약을 뿌렸다. 그리고 쿱시스는 하치에펜디스 신부가 아이들을 무식한 상태로 내버려 두려고 이단교 선생들을 쫓

---

47) 2요한 1,10 : 만일 누가 여러분을 찾아 가서 이 교훈과 다른 것을 전하거든 그를 집 안으로 받아들이지도 말고 인사도 하지 마십시오.

아 낸다고 비난하면서 젊은이들을 난폭하고 사납게 만들었다. 아무도 더 이상 쿱시스에게 말을 하지 않자 자신의 망상을 깨닫지 않을 수 없었다. 그는 아르세니오스 신부에게 가서 용서를 빌었다. 그 후 쿱시스는 이단교를 떠나 다시 정교회로 되돌아 왔다. 이렇게 해서 이단교인들의 말벌 둥지는 망가지게 되었다.

아시아에서 정교를 믿는 경건한 민족에게 가장 나쁜 영향을 미친 사람들은 회교도들이 아니라 이단교인들이었다. 그 이유는 적어도 회교도들은 자신들이 회교도라고 고백을 했기 때문이다. 정교인들은 회교도들에게 하는 것처럼 이단교인들도 회피하였다. 이단교인들은 손에 복음경을 들고 복음경에서 말하는 진짜의 의미를 바꾸어 가면서 순수하고 평범한 사람들을 그들의 망상 속으로 유인하면서 사람들의 영혼을 파멸시켰다.

신부는 그 당시에 적절한 방법으로 아이들을 가르쳤다. 그는 또한 아이들이 그들 나름대로의 수련을 하도록 하였는데 이것은 그들의 용기를 북돋우기 위해서뿐만 아니라 동시에 아이들의 열정과 혈기를 극복하기 위한 것이었다. 몇몇 큰 아이들과 극성 맞은 아이들을 여러 번 학교에서 쫓아내야만 하였는데 그것은 그들이 무기를 들고 돌아다니면서 학교에 복종하지 않았기 때문이었다. 여학생들을 학교에서 받아 들일 수가 없게 되자 그는 다음과 같이 말하였다. "소녀들은 자기 집에서 필요한 글을 배우기를 바랍니다."

불행하게도 아나스타시오스 레비디스는 자세한 내막은 하나도 모르고 아르세니오스 신부가 선생들을 쫓아낸다는 글을 써서 신부를 부당하게 폄훼하였다. 그는 '카파도키아인들의 문화와 이지적인 발전에 대하여'라는 글(408 페이지)에서 다음과 같이 적고 있다. "현재 수도 사제인 아르세니오스 신부는 자신의 고향에 대하여 많은 노력을 하는 것 같이 보인다. 그는 이미 여러 지역을 돌아다니면서 성당을 수리하였다. 그리고 마을의 아이들을 가르쳤는데 그의 고약한 성격과 화를 잘 내는 성격 때문에 아이들은 학교로부터 쫓겨 났다. 그는 선생들도 가만히 내버려 두지 않았는데 그들이 극진한 신자가 되도록 귀찮게 했다."

신부는 더 말할 나위가 없는 참 신앙인으로서 그가 행동으로 실천하였던 정교의 정통성과 경건함 그리고 독실함을 학생들에게 주지시켰다. 또한 아이들에게는 마음 속으로 하는 기도인 '주 예수 그리스도시여! 저를 불쌍히 여기소서' 또는 '그리스도의 이름과 성모 마리아의 이름으로'를 가르쳤다. 가끔씩 아이들이 잘못하거나 무엇인가를 손상시킬 때면 '나의 하느님! 저를 용서하소서'라고 말하도록 가르쳤다. 신부는 아이들 각자가 규칙으로 하고 있는 기도와 회개를 체계적으로 할 수 있도록 포도 덩굴을 작게 토막 낸 다음 이것들을 묶어 기도매듭처럼 만들라고 하였다. 이것은 끊임없는 기도로써 아이들의 마음과 정신을 깨끗하게 하기 위해서 한 것이었다.

아이들뿐만 아니라 어른들도 하치에펜디스 신부의 집을 방문하였는데 거기서 그들은 신부로부터 충고를 받고 교리를 들었다. 겨울에 노인들이 신부의 집에 모였을 때 신부가 하는 첫 번째 일은 벽난로에 불을 피우는 것이었다. 그리고 나서 위에서 말한 바와 같이 성경에 나오는 비유들이나 그 날 축일을 맞는 성인의 생애 혹은 구약에 대하여 설명하였다. 그러면 사람들은 각자 집으로 돌아가거나 이웃집에 모여 아이들에게 옛날 이야기 대신에 신부로부터 들은 것들을 이야기해 주곤 하였다. 이렇게 해서 모든 사람들이 영적으로 유익을 얻게 되었다.

신부는 파라사인들이 성경을 이해할 수 있도록 성경의 많은 부분들을 파라사어[48]로 번역하였다. 교회에서는 먼저 그리스어로 복음경을 읽었고 그 다음에는 파라사어로, 마지막으로 터어키어로 읽었다.

몇 명의 술고래와 나태한 사람들을 제외하고 모든 파라사인들 그리고 그 주위에 있는 마을들의 사람들이 하치에펜디스 신부를 존경하고 공경하였다. 신부는 누군가가 건강에 문제가 없으면서 나태하게 멀건히 앉아 있는 것을 보고 싶어하지 않았기 때문에 술꾼들과 게으른 사람들은 신부를 존경하지 않았다. 파라사엔 사람들이 무기를 들고 다니

---

[48] 고대 그리스어를 바탕으로 만들어졌다.

는 것뿐만 아니라 좋은 포도주들이 있었기 때문에 과음으로 서로 오해를 하여 싸우다가 머리가 터지는 등의 크고 작은 불미스러운 사건들이 일어났다. 그 결과 자주 의사가 필요하였다. 그렇지만 파라사와 그 주위 지방에 있는 마을들에는 의사가 없었다. 오직 아르세니오스 신부만 있었는데 신부는 그들의 선생이었으며 동시에 영혼과 몸을 치료하는 의사였다. 물론 환자들에게 의사로서 처방전을 주는 것이 아니라 환자를 위해 병의 종류에 따라 기도를 하면서 환자의 병을 치료하였던 것이다.

환자의 병이 심하거나 또는 거리가 멀어 신부의 켈리에 환자를 데려 갈 수 없는 경우에 사람들은 환자의 옷을 하치에펜디스 신부에게 보내어 기도를 부탁하였다. 그러면 신부는 그 옷을 축복하여 되돌려 보냈다. 환자는 경건한 마음과 믿음을 갖고 축복된 옷을 입었으며 그 후 건강이 좋아졌다. 신부는 여러 번 환자들의 마음을 안정시키기 위하여 종이에 기도 문구를 적어 보내곤 하였는데 환자들은 이 종이를 접어서 필라흐토처럼 몸에 간직하였다.[49]

병의 종류가 다양했으므로 종류에 따른 기도문을 기도서에서 찾을 수 없는 경우가 있었는데 그 때는 구약의 시편에 있는 글귀들을 적어서 보내었다. 심각한 경우인 맹인, 벙어리, 신체 장애자 그리고 미친 사람들에게는 보통 복음경만을 사용하였다. 그는 육적으로 뿐만 아니라 영적으로 아픈 사람을 볼 때는 환자를 속히 낫게 하지 않고 천천히 낫게 하였다. 우선 먼저 환자의 영적인 병이 나을 때까지 계속 환자를 신부에게 오게 하는 것이었다. 그 후 그는 마지막으로 기도를 하여 기적으로 환자를 낫게 하였다.

신부는 당연히 돈을 받은 적도 없고 돈을 손에 만져본 적도 없었다. 아르세니오스 신부는 늘 다음과 같이 말하였다. "우리들의 믿음은 사거나 팔 수 있는 것이 아닙니다." 그 한 예를 들어 본다. 차히루데스

---

[49] 사도행전 19,11-12 : 하느님께서는 바울로를 시켜 놀라운 기적들을 행하셨는데 바울로의 몸에 닿았던 수건이나 앞치마를 병자에게 대기만 해도 병이 낫고 악령들이 쫓겨 나갔다.

출신으로서 막 결혼한 터어키 여인이 있었다. 그녀는 미쳤는데 사람들은 하치에펜디스 신부의 기도로 제 정신이 돌아오게 하기 위해 그녀를 쇠사슬에 묶어 신부에게 데려 갔다. 마침 그 날은 신부가 켈리 밖에 나오지 않는 날이었으므로 고통에 시달리던 이 여인의 친척들은 신부가 이 여인을 받아들이도록 운영 위원회에서 중재하여 줄 것을 요청하였다. 쇠사슬에 묶여 있었음에도 불구하고 사람들은 그녀를 붙잡고 있을 수가 없었다. 아르세니오스 신부가 나와서 그녀를 붙잡고 있던 사람들에게 그녀를 놓으라고 했다. 사람들이 그녀를 놓자마자 그녀가 신부를 덮쳤다. 그리고 신부의 발을 움켜 잡더니 그 발을 물었다. 신부는 기도하기 위해 복음경을 손에 들고 있었는데 복음경을 열지 않은 채로 그녀의 머리를 가볍게 세 번 두드렸다. 그러자 악마50)가 그녀로부터 떠나갔다. 그녀는 울기 시작하였으며, 자기가 물었던 신부의 발에 경건하게 입을 맞추었다. 그녀의 아버지 역시 신부의 발에 엎드려 본인이 가지고 있던 돈주머니 전부를 신부가 받아 줄 것을 간청하였다. 그는 다음과 같이 말하였다.

"돈주머니를 받으십시오. 이것은 당신 것입니다. 왜냐하면 당신이 내 자식을 구해 주셨기 때문입니다."

신부는 그를 일으키면서 말하였다.

"자네 돈을 그대로 간직하게나. 우리들의 믿음은 돈으로 살 수 있는 것이 아닐세."

아르세니오스 신부는 선물조차도 받지 않았다. 한번은 한 터어키인이 짐승 두 마리를 선물하려고 신부에게 가져 갔다. 왜냐하면 그의 부

---

50) ≪정교회 기초 교리≫, 한국 정교회, 1978, p. 46 : 이 세상이 창조되기 이전에 하느님께서는 열 개의 천사단을 만드셨다. 그래서 그들은 하느님의 사랑 속에서 살고 있었다. 그런데 그 천사들 중에 루시퍼라는 천사장이 있었다. 그는 하느님과 그의 피조물에 대하여 질투심과 오만함을 가지게 되었다. 그래서 그는 하느님과 닮는 것에 반대가 되기 위하여 선하신 하느님에 대하여 악한 악마가 되었다. 하느님은 사랑으로써 인간을 창조하시고 인간을 자유 의사대로 살도록 해 주셨다. 이와 마찬가지로 하느님께서는 루시퍼도 그대로 살도록 내버려 두셨다. 루시퍼는 하느님으로부터 멀리 떨어져 빛을 등지고 어둠의 왕이 된 것이다.

인이 불임이었는데 하치에펜디스 신부가 보낸 필라흐토 덕분에 아이 둘을 낳았기 때문이었다. 신부는 강경하게 말하였다.

"자네 마을엔 어렵게 살고 있는 사람들이 없는가? 왜 이 돈을 나에게 가져 왔는가? 잘 했다는 말을 듣기 위해서 가져 왔는가? 나는 뇌물을 받지 않는다네."

성당 안의 가장 자리에는 돈을 남겨 놓을 수 있는 아치형으로 된 장소가 있었는데 사람들은 이곳에 가난한 사람들을 위해 자진해서 돈을 놓아 두었다. 가난한 사람들은 그 곳에 가서 필요한 만큼의 돈을 가져갔다. 그들은 하느님이 벌을 내리실까 두려워 필요한 돈보다 더 많은 돈을 가져가지는 않았다.

신부는 어려운 가정들을 돕기 위해 아무도 몰래 밤에 봉헌빵[51]을 성가대원 프로드로모스를 통해서 보내었다. 그렇지만 게으르고 나태한 가정에는 결코 주지 않았다. 어느 날 한 게으름뱅이가 술에 취해 아르세니오스 신부를 찾아 가서 봉헌빵을 달라고 하였다. 신부는 그의 켈리에 있었는데 딱딱한 보리빵[52] 하나를 주면서 말하였다.

"나도 이것을 먹는다네."

이 게으른 사람은 이것을 받고 싶지 않아서 봉헌빵을 줄 것을 강요하였다. 그 때 신부는 엄하게 그를 타일렀다.

"자네는 이제 겨우 마흔 다섯 살인데도 불구하고 늙은이가 다 되어 하루 종일 앉아서 교활한 것이나 생각하고, 술에 취하거나 하고 그리

---

[51] 정교회 주보 제06-22호/2006.5.28 : 신자들은신성한 감사 성사에 쓰일 빵을 정성스럽게 만들어서 교회에 바친다. 이 빵을 봉헌빵이라고 부르는데, 그 이유는 그리스도에 대한 선물로서 봉헌된 빵이기 때문이다. 이 봉헌빵의 가운데 부분이 특히 성찬 예배에 사용되는데, 이 부분이 성찬 예배의 가장 성스러운 순간에 성령의 놀라운 역사로 인해 그리스도의 몸으로 변하게 되고, 합당한 준비를 마친 신자들은 이 주님의 몸을 영하게 되는 것이다. 사제나 주교는 봉헌 빵 중에서 성찬에 쓰이는 가운데 부분을 제외한 나머지 부분을 여러 조각으로 자르고 이를 축복한다. 이것을 안디도로 즉 축복된 빵이라고 부르며, 성체 성혈의 은총을 받지 못한 신자들은 폐식 기도 후에 이 축복된 빵을 위안물로 대신 받는다.

[52] 보리를 껍질만 벗겨 빻아서 만든 빵

고 거지 노릇을 하는 게 부끄럽지 않은가?”
　그리고 나서 신부는 성가대원 프로드로모스에게 말하였다.
　“성당에 가서 봉헌빵 서너 개를 가지고 강으로 가게나. 이 게으름뱅이가 그 곳에 가면 그에게 이 빵들을 주게나.”
　신부는 썩어빠진 정신을 고치려고 이 게으름뱅이에게도 말하였다.
　“강으로 가게나. 자넨 그 곳에서 봉헌빵을 받게 될 걸세. 그리고 강에 많이 있는 물고기들을 잡게나.”
　불행하게도 이 게으름뱅이는 그 곳에 가기가 귀찮았다. 그리고 더 나쁘게도 신부에 대하여 악담을 하면서 마을을 돌아다녔다. “저 하치에펜디스 놈은 아주 못된 수전노야. 짐승만도 못한 그 인간은 봉헌빵을 먹지도 않고 곰팡내가 나도록 내버려 두었다가 프로드로모스를 시켜 빵을 봉지째 강에 버리게 하면서도 사람들에게는 나누어 주지 않는다니까.”
　물론 신부는 사람들이 그를 옳지 않게 비난할 때마다 흐뭇해 하였다. 이것은 신부에게 도움이 되었다. 왜냐하면 신부는 사람들에게 칭찬을 받지 않기 위해 자주 자신을 고의적으로 괴팍한 고집쟁이로 보이게 하려고 노력하였기 때문이다.
　이런 노력에도 불구하고 그 지방의 사람들인 그리스도교인들과 터어키인들은 그를 성인으로 인정하였다.
　디미트리오스 루코풀로스는 '파라사의 대중 숭배'(54 페이지)라는 글에서 엘리사벳 코스케리두라는 여인의 말을 다음과 같이 언급하고 있다. "우리 마을에는 선생이었던 한 젊은이가 있었는데 그는 신부가 되었어요. 그는 철야 예배와 기도를 계속하였고 항상 금식을 하였지요. … 그는 성인이었고 그래서 그의 기도는 돌을 뚫을 수도 있었어요. 누가 아프면 그 곁에서 무릎을 꿇고 하느님께 기도를 하였어요. … 그의 이름은 하치에펜디스 신부입니다."
　신부는 다른 사람들에게는 매우 인자하였지만 정작 자신에게는 매우 엄격하였다. 그는 다른 사람들을 향한 그의 넘치는 사랑으로, 기도

▲ 제만디스 강

와 금식을 할 수 없었던 사람들을 위해 금식을 하고 기도를 하였다.

고해 신부로서 그는 보통은 사람들에게 규칙을 지키라고 하기보다는 스스로 깨닫도록 애썼다. 그리하여 그들 스스로가 수련을 한다거나 자비를 베풀거나 다른 선한 행동을 하도록 인도하였다.

신부는 마귀가 들린 어린이나 장애자를 보면 이렇게 된 원인이 그들의 부모 때문이라는 것을 알고 있었다. 그래서 먼저 아이를 고쳐 준 다음에는 아이의 부모를 조심시키기 위해 부모가 지킬 규칙을 알려주었다. 언젠가 사람들이 불구였던 한 어린 아이를 하치에펜디스 신부에게 데려 갔다. 신부는 먼저 어린 아이에게 복음경을 읽으면서 기도를 하여 어린 아이를 온전하게 만들고 나서 그 부모에게 지켜야 할 규칙을 말해 주었다. 신부는 하느님으로부터 받은 은총을 통해 그 아이가 불구로 태어난 이유의 원인이 부모라는 것을 알고 있었다.

또 한 경우, 시나소스로부터 사람들은 어느 미친 사람을 아르세니오스 신부에게 데려 갔다. 신부는 그를 보자마자 그 부모에게 당장 묶은 쇠사슬을 풀라고 하였다. 그러나 부모들은 자기 자식이 다른 사람들을 해칠 것이 두려워 묶은 쇠사슬을 풀지 못했다.

신부는 다시 그들에게 말하였다.

"어서 그를 풀어 주시오."

그 때 고통을 당하던 이 젊은이의 친척들이 말하였다.

"하치에펜디스 신부님, 신부님의 기도를 간청합니다. 이 젊은이는 미쳤기 때문에 우리를 해칠 것입니다. 우리는 모두 그를 쇠사슬로 묶었는데도 겁이 납니다."

그러나 신부는 다시 말하였다.

"걱정 말고 쇠사슬을 푸십시오."

젊은이의 친척들이 묶었던 쇠사슬을 풀자 곧 악마가 떠나갔고 젊은이는 제 정신으로 돌아 왔다. 그는 아르세니오스 신부에게 다가가서 순한 양처럼 곁에 앉았다. 신부는 이 젊은이의 부모에게 지킬 규칙을 부여하였다. 사순절53)에 사람들이 40일간 금식을 하는 것처럼 이 젊은

이의 부모가 40일간 금식을 하도록 했다. 이 젊은이가 악마에 들려 태어난 원인이 부모의 죄 때문이었는데도 이 가엾은 젊은이의 부모는 자기 자식이 꼼짝 못하도록 기운이 빠질 때까지 밥을 먹이지 않았고, 부당하게 죄 없는 자식을 괴롭혀 고통을 당하게 만들었다.

사람들은 대부분 환자들을 아르세니오스 신부에게 데려 갔는데 그의 집은 거의 쓰러지기 일보 직전이었다. 그의 집 옆에는 그가 사용하는 켈리가 있었다. 켈리의 바닥은 나무가 아니라 흙으로 되어 있었다. 켈리의 한 구석에는 바닥에 깔 수 있도록 두 개의 접은 담요가 있었는데 그는 쉬고 싶을 때 이것들을 펼쳤다. 담요 하나는 흙 위에 깔았고 다른 하나는 그 담요 위에 깔았다.(신부가 그리스도를 향한 사랑으로 어떻게 잠을 잤으며, 얼마나 잤는지에 대해서는 하느님만이 아신다. 하느님은 이것에 대해 보답하실 것이다.) 켈리의 동쪽 벽에는 선반이 하나 있었는데 그 위에는 꽤 많은 성화들이 있었고 등불이 꺼지지 않고 항상 켜져 있었다. 성화들이 있는 성화대(이코노스타시스)[54] 밑에는 무릎을 꿇고 기도할 때 사용하는 가죽이 있었다. 이것은 기도할 때나 무릎을 꿇고 앉아 있을 때나 혹은 공부할 때 사용하였다. 다른 선반에는 책들이 있었다. 거기에는 신약과 구약, 성인들의 생애와 여러 교부들에 관한 책들, 그리고 신부가 경건하게 간직했던 성모 마리아의 기적들에 관한 책들이 있었다.

아르세니오스 신부의 켈리는 속세에 있었지만 신부는 속세를 벗어나 살고 있었다. 그가 바깥 출입을 하지 않고 켈리에 머무는 이틀간의 시간은 먼저 속세로부터 벗어나 살 수 있게 도움을 주었고 또한 그가 일으키는 기적들에 도움을 주었다. 이 이틀간 신부는 기도를 하면서 그리고 영적으로 투쟁을 하면서 더 많은 열매들을 맺었다. 이 기간에 전념하는 신부의 기도는 이 때에 하는 일들에만 축복 받게 하는 것이

---

53) 그리스어로 사라코스티($\Sigma \alpha \rho \alpha \kappa o \sigma \tau \acute{\eta}$)라고 하며, 부활절 전 40일간이다. 이 기간은 기도와 회개를 하고 그리고 그리스도께서 40일간 하신 금식을 기억하면서 거룩한 부활절을 준비하는 기간이다.
54) 성화들을 걸어두는 장소

아니라 다른 날들에까지도 축복을 받게 하였다. 신부의 기도에 의해 맺은 거룩한 열매들은 우리들까지도 축복을 받게 하였다.

　신부는 다른 영적인 노력들을 함께 하면서 수요일과 금요일에는 밖으로 나오지 않는 규칙을 세우고 그의 켈리에 있으면서 영적으로 수도를 하였고 기도하였다. 이 이틀 동안에는 켈리에 있는 문이 신부의 역할을 대신하여 찾아오는 사람들을 맞았다. 하지만 수요일과 금요일에 먼 곳에서 오는 환자가 이러한 규칙을 모르고 켈리의 문을 두드리더라도, 신부는 문을 열어 주었다. 그러나 말을 하지는 않았다. 단지 동작만으로 환자의 병이 무엇인지를 알아채고 그 병에 합당한 기도를 찾아서 기도를 했는데, 그러면 환자는 완쾌되는 것이었다. 하지만 다른 경우에 문을 두드리면 신부는 문을 열어 주지 않았다. 분명히 영적인 일에만 열중하였을 것이다. 이렇게 기도를 하는 신부만 거룩한 하늘의 힘을 잡아당기는 것이 아니라 천사들 역시 신부를 하늘 나라로 잡아당기는 것이었다.

　파라사인들은 수요일과 금요일에는 신부를 방해하지 않았다. 환자들은 단지 신부의 켈리 밖으로 가서 문 근처에 있는 흙을 가져다가 아픈 곳에 바르기만 하면 완쾌되었다. 한번은 손을 베인 한 파라사 여인이 하치에펜디스 신부 켈리의 문간에 있는 흙을 발라 완쾌된 적이 있었다. 그녀는 다음과 같이 말하였다. "우리는 고향에서 '의사'라는 단어가 무슨 뜻인지 몰랐습니다. 그저 우리는 하치에펜디스 신부님께 달려가곤 하였습니다. 그리스에 와서 비로소 '의사'라는 단어에 대하여 알게 되었는데 파라사에서 신부님이 일으킨 기적으로 병이 나았던 것을 그리스인들에게 말해 주면 그들은 이상하게 여겼습니다."

　하치에펜디스 신부의 켈리엔 고통과 아픔에 시달리는 사람들이 모두 모여 들었다. 켈리 안에서 신부는 염소 가죽으로 만든 낡은 자루를 그의 어깨에 걸치고 있었는데 고위 공직자들이 와서 신부의 이러한 모습을 보았기 때문에 많은 파라사인들은 신부에게 어깨에 걸치고 있는 그 자루를 내려놓으라고 말했다. 그러나 그럴 때마다 신부는 그들의 말을 듣지 않았다. "나는 이 자루를 어깨에서 내릴 수 없다네. 왜냐하면 나는 이것을 어머니로부터 유품으로 받았기 때문이라네." 신부는 이 자루에 관련해서 어떤 비밀을 간직하고 있는 것 같았다. 아마도 신부는 성경에 나오는 '베옷을 입고 앉아서 재를 들쓰고 회개하였을 것이다.'[55)]라는 구절처럼 이 자루를 어깨에 걸치고서 기도를 하였을 것이다. 그가 기도하는 곳에서는 대부분 재가 흩어져 있는 것을 사람들이 몰래 보아왔던 것이다. 신부의 성가대원도 호기심으로 이것을 보았다. 이 방법으로 선한 거지처럼 아르세니오스 신부는 어깨에 천연 염소 가죽으로 된 자루를 걸치고서 하늘을 향해 손을 펼쳐 기도를 하였다. 그리고 그는 하느님이 주시는 은총으로 충만해 있었으며 이 은총은 그의 양들(사람들)에게까지 퍼져 나아가게 하였다.

이것을 제외하고 그의 켈리는 깨끗하게 정돈되어 있었는데 그것은 그가 켈리를 소성당처럼 사용하였기 때문이었다. 그는 필요할 때 다시 분향로에 향을 담아 사용하기 위해 벽난로 가장자리에 향이 타고 남은 재를 버렸는데 몇 명의 터어키인 환자들은 자신들을 가치 없는 사람들로 간주하여 하치에펜디스 신부에게 기도를 요청하지 않고 단지 벽난로 가장자리에 버려진 재만을 달라고 요청하였다. 이 터어키인들이 재를 물에 타서 마신 뒤에 그들의 병은 감쪽같이 완쾌되었다.

사람들이 자신들의 눈으로 보아온 기적들, 즉 하느님의 은총으로 아르세니오스 신부가 일으켰던 이 모든 기적들로 인해 그를 성인처럼 경건하게 대하는 것은 당연하였고, 그는 의심할 여지 없이 성인이었다. 그렇지만 이 모든 것들은 신부를 난처한 입장에 빠지게 하였다. 그는 그의 거룩함을 감추기 위해 그리고 사람들이 하는 덧없는 칭찬으로부

---

55) 마태오 복음 11장 21절, 루가 복음 10장 13절. 신약은 그리스어로 쓰여졌다. 그리스어로 쓰여진 신약을 보면 '베옷'이 아닌 '자루'로 쓰여있다 (...π άλαι αν εν σάκκω και σποδώκαθήμεναι μετενόησαν). 히브리인들이 상을 당하면, 천연 염소 가죽으로 만든 자루를 어깨에 걸쳤었다. 물론 오래 전에 한국에서 누군가가 상을 당하면 베옷을 입었던 것처럼 각 민족의 전통과 관습에 따라 상을 당할 때 입는 옷이 달랐으므로 위의 부분에 있어 번역의 차이가 있는 것 같다.

터 벗어나기 위해 더 큰 분투를 하여야만 했다. 왜냐하면 그가 사람들이 하는 칭찬 때문에 교만해지지 않으리라는 것에는 의심의 여지가 없었지만 부질없는 삶 속에서 받는 덧없는 칭찬은 그의 영적인 투쟁을 수포로 돌아가게 하여 하늘나라에서 받을 상이 없게 하였기 때문이다. 그래서 단 하나의 해결책은 가끔씩 그리스도를 위해 소동을 피우는 것이었으며, 그래서 자신을 괴팍하게 꾸밈으로 자기의 인격에 반대되는 행동을 해야만 하였다. 신부는 사람들이 그를 온순한 사람이라고 보지 않도록 화를 잘 내는 사람처럼 행동해야 했다. 다른 많은 유사한 경우에서처럼 사람들이 그가 금식을 하는 사람이라고 말하지 않게 하기 위해 대식가인 것처럼 행동하였다. 누군가가 그에게 '당신은 성인입니다.'라고 말하면 신부는 '자네의 가문은 가문도 아닐세.'라고 대답하였다. 이 말을 들은 사람은 신부가 무뚝뚝한 표정으로 자기 가문을 모욕하는 것에 대하여 매우 화를 내었다. 그러면 다음부터는 아르세니오스 신부가 성인이라고 말하지 않았는데 만일 신부가 예절 바르게 행동하였다면 그를 성인이라고 말하였을 것이다.

하지만 억지로 화를 내려고 하다가 제대로 연극을 하지 못 하는 경우도 여러 번 있었다. 왜냐하면 그의 얼굴 표정은 웃음짓는 모습이었기 때문이다. 신부는 자신이 많은 단점을 가진 죄인이라고 말함으로써 사람들을 설득하려고 노력하였다. 그는 다음과 같이 말하였다. "당신들이 보는 나는 이러한 사람입니다. 그런데도 당신들은 나를 성인이라고 생각하십니까?"

특히 신부는 여인들을 더 엄격하고 괴팍하게 대하였는데, 그것은 여인들이 신부에 대하여 더 큰 존경심을 가졌고 누가 먼저 신부를 보살피고 그리고 음식을 신부에게 가져갈 것인가에 대해 정신 나간 사람들처럼 행동하였기 때문이다. 한 여인이 그에게 음식을 가져가면 어떤 경우엔 양이 적다고 받지 않았고 다른 경우엔 음식을 잘 만들지 못했다고 퉁명스럽게 거절하거나 혹은 쫓아 내기도 하였다. 이런 식으로 시달리던 여인들은 신부의 진심을 알 수 없어 어찌할 바를 몰랐다. 하지만 거의 모든 사람들이 하치에펜디스 신부가 매우 이상한 사람이긴 하지만 성인이라고 생각하고 있었다.

한번은 한 파라사 여인이 음식을 만들어 냄비에 담아 신부에게 보냈다. 신부는 음식을 들고 있는 아이를 보자마자 다음과 같이 물었다.

"이게 뭐지?"

"음식입니다. 제 어머니가 신부님께 갖다 드리라고 하였습니다."

신부는 꾸짖는 척하면서 아이에게 말하였다.

"겨우 이 한 냄비 가지고 내가 무엇을 할 수 있겠어? 내가 배부르게 먹으려면 일곱 냄비도 충분하지 않아."

이 아이가 다시 음식을 큰 그릇에 담아오자 하치에펜디스 신부는 음식을 잘 만들었는지 보는 척하려고 뚜껑을 열더니 음식에서 좋지 않은 냄새가 나는 것처럼 얼굴을 찡그리면서 아이에게 말하였다.

"어휴, 이것도 음식이라고 만들었나! 이걸 갖고 집으로 돌아가서 네 어머니와 함께 먹으려무나."

이런 식으로 신부는 자신을 낮추면서 진심과는 다르게 행동하여 사람들을 혼돈에 빠지게 하였다. 그가 이렇게 해야 했던 이유는 그의 거룩함을 감추기 위해서, 그의 영적인 평온을 보장하기 위해서, 그리고 사람들이 쉽게 이해할 수 없는 영적인 투쟁을 계속하기 위해서였다.

신부가 평상시에 먹는 양식은 보리를 껍질만 벗겨 빻아서 만든 빵이었다. 그는 이것을 철판 위에 얹어 구웠다. 그래서 파라사인들은 농담조로 그를 터어키어로 '보리'를 의미하는 '아르파치스'라고 하였다. 신부는 매달 보리빵을 만들어 놓았다가 필요할 때마다 구워서 물에 적셔 먹었다. 가끔씩은 움바, 크시노라싸타, 들양피 그리고 드물게 블리구리를 삶았다. 그는 모든 종류의 음식을 먹었고 빵 중에서 한 가지는 일년 내내 먹지 않았다. 어떤 때는 생선 종류를, 다른 때는 우유 종류를 먹었다. 물론 고기는 먹지 않았다. 그러나 사람들과 함께 하는 자리에 있을 경우, 그리고 금식 기간 중이지만 금식 음식이 아닌 음식을 먹어야 할 때는 음식에 대해 말하지 않았다. 다만 사람들이 걱정하지 않고 불안해 하지 않도록 분별력을 가지고 조금 먹을 뿐이었다. 사람들과 같이 모여서 식사를 하는 경우에는 파라사 여인들이 신부를 위해 금식 기간 중에 먹는 음식들로 대체하였다. 신부가 사람들에 대한 사랑 때문에 그들을 괴롭히지 않으려고 조금 먹은 고기 음식으로 인해 물도 마시지 않으면서 그의 켈리에서 투쟁을 할 것이라는 것을 알고 있었기 때문이었다. 다른 사람들에겐 사랑으로, 본인 자신에겐 겸손으로 자신을 낮추면서 분별력 있게 수도를 하였다.

신부는 이것을 감추려고 노력하였음에도 불구하고 사람들은 신부와 항상 가까이 살아 왔고 신부가 누구인지 잘 알고 있었기 때문에 신부가 자신을 감추는 일은 쉽지 않았다. 그가 금식하는 날들[56] 그리고 천사들에게 자신을 바치는 날인 수요일, 금요일 그리고 월요일엔 해가 질 때까지 물도 마시지 않았다.

신부가 따르는 규칙[57]은 다음과 같았다. 큰 축일이 있는 경우에 신부는 밤새워 예배를 드렸는데 이 철야 예배는 해가 질 때에 시작해서 다음 날 해가 떠야 끝이 났다. 신부는 바위에 있는 성모 마리아 교외 소성당이나 성 흐리소스토모스 교외 소성당에서 철야 예배를 하였는데 철야 예배를 하러 가다가 장애인을 만나서 그를 철야 예배에 데려가는 경우를 제외하고는 오직 성가대원인 프로드로모스만을 데리고 철야 예배를 드렸다. 신부가 불구인 사람을 철야 예배에 데려 가는 것은 함께 교외 소성당에 가서 불구인 사람을 고쳐주어 그가 하느님을 찬양하게 하기 위해서였다. 한번은 신부와 성가대원이 성 흐리소스토모스 교외 소성당으로 가다가 한 벙어리 여인을 만났다. 이들은 이 여인을 데리고 교외 소성당으로 갔다. 소성당에 도착하자마자 신부는 복음경을 읽

---

[56] 정교회에서 크게 나누어 일년에 4번 하게 된다. 성탄절 전 40일간, 사순절(부활절 전 40일) 기간 동안 40일간, 사도 바울로와 베드로 축일(6월 29일; 주 승천 축일부터 6월 29일까지인데, 이 기간은 해마다 약간의 차이가 있다) 그리고 성모 안식 축일(8월 15일; 8월 1일부터 8월 15일까지)에 금식을 한다. 그리고 매주 수요일과 금요일에 금식을 하며, 수도원에서는 월요일에도 금식을 한다.
[57] 수도원에서 지키는 규칙

으며 기도하였다. 곧 그 여인은 말하기 시작하였고 거기 있던 모든 사람들이 하느님을 찬양하였다. 다른 때엔 신부 혼자 그의 켈리나 성 바라히시오스 순교자와 성 요나스 순교자 성당58)에서 철야 예배를 드렸는데 이 예배는 저녁 9시에 시작해서 새벽 3시에 끝이 났다. 그리고 나서 두세 시간 동안 약간의 휴식을 취한 후 평일에는 가까운 마을들의 작은 성당에 가서 예배를 집전하였다. 만과는 대부분 성 바라히시오스 순교자와 성 요나스 순교자 성당에서 드렸다.

한번은 하치에펜디스 신부가 만과를 드리러 성당으로 갔는데, 성당의 문을 열자마자 성당에서 나오는 한 여인을 보았다. 그녀의 얼굴은 환하게 빛나고 있었다. 그녀는 곧 신부와 그때 같이 있던 사람들의 눈앞에서 홀연히 사라졌다.(이들 중에 솔로몬 코스케리디스도 거기에 있었다.) 하치에펜디스 신부는 그 여인이 성모 마리아였다고 말하였다.

먼 곳에 있는 교외 소성당에서 철야 예배를 하는 경우에도 거리가 아무리 멀다 해서 신부는 한 번도 교통 수단으로 나귀를 타고 간 적이 없었다. 그는 항상 걸어 다녔으며 철야 예배가 계속되는 동안에는 서 있었다. 신부의 성가대원이 여러 번 신부에게 먼 곳에 있는 성당에 갈 때에는 나귀 등에 타고 가라고 권하였지만 한 번도 받아들인 적이 없었다. 거리가 아무리 멀다 할지라도 농물의 등 위에 앉아 가기 않기로 작정했던 것이다. 신부는 예루살렘에 다섯 번 갔는데 배를 타기 위해 메르시나까지 갈 때에도 5일 동안이나 걸어서 갔다.

신부의 여린 마음은 본인이 편하고자 동물의 등 위에 앉아서 그 동물을 피곤하게 만드는 것을 용납하지 않았다. 신부는 걸어서 다녔을 뿐만 아니라 맨 발로 걸어 나니는 게 습관이 되어 있었다. 사람들에게 가까이 갈 때는 잠시 신발을 신었을 뿐이고 사람들과 멀어지면 다시 신발을 벗어 자루에 넣었다.

신부가 한번은 예루살렘에 갔을 때 아다나를 지나면서 파라사 출신의 하치-흐리스티나 집에 머물렀다. 하치에펜디스 신부의 발은 오랫동

---

58) 마을 안에 있었으며 퐈라사인들이 다녔던 주 성당

안 맨발로 걸어 다녀서 부어 있어서 신발에 들어가지도 못할 정도였다. 신부는 5일 동안의 도보 여행에서 얻은 피곤과 고생에도 불구하고 침대에서 편히 쉬지 않고 바닥에서 잠을 잤다. 신부가 그녀의 집을 떠났을 때 침대보는 아주 깨끗했으나 손으로 구겨져 있을 뿐이었다. 신부가 침대보를 구긴 이유는 그녀의 집에서 푹 쉬고 갔다고 보이게 해서 주인을 만족시키기 위해서였으며 그와 동시에 그녀의 집에서 한 기도와 수도를 숨길 수 있었기 때문이었다. 그렇지만 사람들은 경건했고 영적인 투지가 있었기 때문에 많은 경우에 있어서 아르세니오스 신부의 생각과 행동을 이해할 수 있었다.

 다른 한 경우로, 신부는 모금을 하기 위해 그의 성가대원과 멀리 순회를 하였다. 신부의 발은 부어 있었고 프로드로모스는 그에게 데리고 가던 나귀 등 위에 잠시 앉아 가라고 신부에게 권하였다. 그러나 신부를 나귀 등에 올라 앉게 하는 것은 불가능한 일이었다. 신부는 프로드로모스에게 다음과 같이 말하였다. "자네나 앉게나. 나에 대해선 걱정 말게. 하느님은 인간을 쉬게 하기 위해 동물을 주셨다네. 나를 쳐다보지 말게. 나귀 위에 앉지 않는 나를 생각하지 말게. 나는 신부라네. 우리의 그리스도께서는 모든 곳을 걸어서 순회하셨고 단 한 번 예루살렘에 입성하시던 날59) 새끼 나귀에 올라 앉으셨다네. 왜냐하면 그 때는

---

59) 마태오 21,1-11 : 그들이 예루살렘에 가까이 와서 올리브산 근처 벳파게에 이르렀을 때에 예수께서는 두 제자를 보내시며 이렇게 이르셨다. 맞은편 마을로 가 보아라. 그러면 나귀 한 마리가 매여 있을 터인데 그 새끼도 곁에 있을 것이다. 그 나귀를 풀어 나에게로 끌고 오너라. 혹시 누가 무어라고 하거든 '주께서 쓰시겠답니다'하고 말하여라. 그러면 곧 내어 줄것이다 이리하여 예언자를 시켜 시온의 딸에게 알려라. 네 임금이 너에게 오신다. 그는 겸손하시어 암나귀를 타시고 멍에 메는 짐승의 새끼, 어린 나귀를 타고 오신다고 하신 말씀이 이루어졌다. 제자들은 가서 예수께서 일러 주신 대로 나귀와 나귀 새끼를 끌고 와서 그 위에 겉옷을 얹어 놓았다. 예수께서 거기에 올라 앉으시자 많은 사람들이 겉옷을 벗어 길에 펴 놓는가 하면 어떤 사람들은 나뭇가지를 꺾어다가 길에 깔아 놓기도 하였다. 그리고 앞뒤에서 따르는 사람들이 모두 환성을 올렸다. '호산나! 다윗의 자손! 주의 이름으로 오시는 이여, 찬미받으소서. 지극히 높은 하늘에서도 호산나!' 예수께서 예루살렘에 들어 가시자 온 시민이 들떠서 '이분이 누구냐?'고

그렇게 해야만 하셨기 때문이라네. 새끼 나귀보다 더 못난 내가 어떻게 나귀 등에 올라 앉을 수 있겠는가?"

아르세니오스 신부가 자신을 낮추는 마음 속엔 하느님을 향한 사랑과 사람들을 향한 사랑이 가득 차 있었다. 신부의 그윽한 사랑은 동물들에게까지 흘러넘쳤으며 이 동물들을 자신보다도 더 사랑하였다. 그래서 동물을 피곤하게 만드는 것보다 본인이 고생하고 고통 받기를 원했다.

동물들에게까지 이렇게 자비로웠던 신부였지만 여인들에게는 그를 흠모하지 못하도록 일부러 엄격하게 대했다. 이렇게 해야만 했던 신부는 이 상황을 피할 적당한 방법을 찾지 못하면 내면적으로 예민했던 마음에 상처를 입었다. 그는 엄격하고 화를 잘 내고 그리고 괴팍한 사람처럼 행동함으로써 사람들이 신부에 대하여 진실과는 다른 반대 의견을 갖게 하는 데 성공하였다. 신부의 괴팍함 때문에 생기는 재미있는 이야기 두 가지를 말해 보겠다.

어느 날 한 여인이 철판 위에 보리빵을 굽고 있던 신부를 보았다. 이 여인은 신부가 안쓰러워서 대신해서 일을 끝내겠다고 졸랐다. 신부는 그녀에게 다음과 같이 말하였다. "지금은 집으로 가시오. 다음 달에 도움이 필요할 때 내가 당신에게 보리 사무를 좀 데리 가지고 가서 당신의 집에서 만들어 주시오."

한 달 후 이 여인은 보리 가루를 받기 위해 신부의 켈리로 갔다. 신부는 비닐 봉지를 손에 들고 그녀에게 무뚝뚝하게 말하였다.

"나중에 문제가 없게 하기 위해 내가 한 움큼씩 당신에게 줄 때마다 세어 보시오."

그리고 나서 신부는 세기 시작하였다.

"한 움큼, 두 움큼, 세 움큼, … 보리 가루의 움큼을 센 만큼 만들어서 내게 가져 오시오. 내 가루를 가로채지 않도록 조심하시오."

물었다. 사람들은 '이분은 갈릴래아 나자렛에서 오신 예언자 예수요'하고 대답하였다.

이 가엾은 여인은 신부의 계획을 모른 채 보리 가루를 받아 집에 질려 돌아갔다. 그녀가 보리빵들을 만들어 신부에게 가져갔다. 신부는 그녀를 보자마자 다음과 같이 말하였다.

"혹시 내 가루를 가로챘나요?"

"아닙니다."

신부는 그녀가 만들어 온 것을 세어보니 틀림이 없었다. 그리고 그녀에게 말하였다.

"왜 이런 쓸데없는 일에 신경을 쓰지요? 그대가 만든 빵들은 너무 작고 게다가 탔어요. 그러니 나 혼자 굽는 게 더 좋을 것 같아요."

또 다른 경우로는 어느 날 한 여인이 물이 든 물통들을 나르는 신부를 보았다. 그녀는 신부에게 자기가 물을 나르겠다고 말하였다. 신부는 끈질기게 조르는 이 여인으로부터 벗어나기 위해 다음과 같이 말하였다.

"나는 해가 서쪽으로 넘어갈 때까지 계속 물을 나를 사람을 찾습니다. 당신이 이 일을 할 수 있겠습니까?"

그녀는 다음과 같이 대답하였다.

"신부님의 축복을 원합니다. 저는 집에서 일을 해야 하고 어린 자식들도 돌보아야 하므로 그렇게 많은 시간을 할애할 수는 없습니다."

그 때 신부는 그녀에게 말하였다.

"아이들이 울지 않도록 집으로 돌아가시오. 아이들을 울게 해서는 안됩니다."

이 이야기를 들은 이웃집 여인이 다른 여인에게 어린 자식을 맡기고서 하치에펜디스 신부를 위해 물을 나르려고 기쁜 마음으로 달려 갔다. 신부는 다른 방법으로 그녀를 떠나 보낼 수 없었으므로 그녀에게 물통을 주면서 말하였다.

"계속해서 물을 날라 뜰 밖에 있는 돌에 물을 부으시오."

이 여인은 물을 날라 몇 번 돌에 부으면서 곰곰이 생각하였다. 그리고 신부에게 가서 다음과 같이 말하였다.

"하치에펜디스 신부님! 저를 축복하여 주십시오. 제겐 물 나르는 일이 힘들고 시간 낭비를 하고 있는 것 같습니다. 저는 하나 밖에 없는 제 귀한 자식을 남에게 맡기고 신부님을 도우러 왔습니다. 그렇지만 신부님은 제게 돌에 물을 부으라고 하셨습니다."

그 때 신부는 그녀에게 말하였다.

"돌들이 물렁물렁해질 때까지 내겐 물이 필요합니다. 당신이 물을 나를 수 없으면 집으로 돌아가서 남의 손에 있는 당신의 자식을 데리고 오시오. 가엾은 아이를 울게 해서는 안됩니다."

우연히 이 광경을 지켜보고 있던 프로드로모스는 신부에게 말하였다.

"하치에펜디스 신부님, 저를 축복하여 주십시오. 신부님을 돕는 데에서 기쁨을 느끼는 여인들이 신부님을 도울 수 있도록 선처하여 주십시오."

신부는 그에게 대답하였다.

"자네, 들어 보게나. 여인들이 나를 도와주는 것을 원했다면 나는 결혼하여 신부가 되었을 것이네. 그 때는 나의 집 사람이 나를 도와 주었을 것이네. 여인들이 도와 주는 신부는 신부가 아닐세."

이렇게 신부는 존경하는 마음으로 돕기를 원하였던 여인들을 영리한 방법으로 쫓아냈던 것이다.

신부가 기적을 일으킬 때마다 그에 대하여 찬양하고 경탄했던 사람들을 보면서 신부는 무뚝뚝하게 말하였다. "그런데 무슨 생각들을 하고 있습니까? 혹시 내가 성인이라고 생각하십니까? 나 역시 죄가 있는 한 인간에 지나지 않으며 심지어 여러분들보다 더 못된 인간입니다. 여러분들 앞에서 화를 내는 나를 보지 않으십니까? 여러분들이 기적들이 일어나는 것을 본다면 이 기적들은 그리스도께서 하시는 것입니다. 나는 단지 나의 손을 하늘을 향해 벌리며 그리스도께 간구할 뿐입니다."

아르세니오스 신부가 그의 두 팔을 하늘을 향해 높이 쳐들어 벌려 기도하면서 '우리 하느님!' 하고 부르며 하느님께 간구하는 것을 우연히 본 많은 사람들은 다음과 같이 말하였다. "기도하던 그 시간에 그의 심장은 멈추고 있는 듯 했고 간구하는 것이 이루어지지 않으면 잡고 있던 그리스도 하느님의 발을 놓지 않을 것 같아 보였습니다."

아르세니오스 신부는 계속해서 자신을 감추려고 노력하였다. 그러나 신부의 마음 속 깊숙이 자리 잡고 있던 하느님의 은총은 그를 더 폭 넓게 세상 방방곡곡으로 알려지게 하였다.

총대주교는 하치에펜디스 신부를 경건하게 대하였고 그리고 여러 번 주교청을 위해 기도해 달라고 편지를 썼다. 하치에펜디스 신부는 프로드로모스와 함께 위에서 언급한 것처럼 성모 마리아 교외 소성당이나 흐리소스토모스 성당에 가서 철야 예배를 하였다.

프로드로모스는 다음과 같이 고백하였다. "한번은 하랄람보스 성인의 축일[60]에 철야 예배를 드리려고 성모 마리아 교외 소성당[61]에 갔습니다. 철야 예배 중에 찬양송을 부를 즈음에 하치에펜디스 신부님은 나와 함께 성가를 부르려고 성소에서 나오셨습니다. 우리가 성가 받침대 앞에 서서 성가를 부르고 있었는데 성가 받침대 맞은 편에 흰 머리를 한 노인을 보았습니다. 이 노인은 목발을 집고서 고개를 숙이고 있었습니다. 나는 이 광경을 보면서 떨기 시작하였습니다. 하치에펜디스 신부님이 떨고 있는 나를 보시자 물으셨습니다.

'자네 혹시 추운가?'

나는 신부님께 아니라고 대답하였습니다. 나는 신부님께 우리들 맞

---

[60] 2월 10일이 축일이다. 그는 기원후 90년에 태어났다. 소 아시아의 마그니시아에서 사제로 있었다. 세프티미오스 세비로스 황제가 통치하던 시기에 사람들은 그의 살 껍질을 벗기기 시작하였다. 그러나 성인은 소리를 지르는 대신에 하느님을 찬양하였다. 이 광경을 보고 있던 사람들은 그리스도를 믿게 되었고, 성인은 풀려 난다. 나중에 세비로스가 성인과 상대를 할 수 없었으므로 성인의 목을 잘라 순교하였다. 그 때 성인은 113세였다. 단어의 어원을 보면 하라($χαρώ$)는 기쁨을 의미하며, 람보스는 동사 람보($λάμπω$ - 빛나다)에서 나온다.

[61] 성모 마리아 교외 소성당이 있던 동굴은 매우 컸는데, 500명 이상의 사람들이 들어갈 수 있었으며, 2층으로 되어 있었다. 아래층에 3sq. 정도되는 못이 있었다.

은 편에 있는 흰 머리의 노인을 가리켰습니다. 하치에펜디스 신부님은 전혀 동요되지 않고 그 노인에게 터어키어로 말씀하셨습니다.

'이 쪽으로 오셔서 우리들과 함께 성가를 부릅시다.'

그러나 흰 머리를 한 그 노인은 대답하지 않았습니다. 단지 우리들에게 성가를 계속하라고 손짓하였습니다. 나는 더 이상 성가에 주의를 기울이지 않고 몰래 이 노인을 계속 쳐다보았습니다. 내 정신이 이 노인에게 있었으므로 성가를 제대로 부를 수 없었습니다. 이것이 흰 머리 노인이 더 머물 수 없도록 만들었습니다. 우리는 노인이 떠나면서 작은 연못으로 사라지는 것을 보았습니다. 그 노인이 연못으로 사라지면서 거기에 있던 성수가 성인의 기적에 의해 성당 안에 뿌려졌습니다. 하치에펜디스 신부님은 흰 머리를 가진 그 노인이 하랄람보스 성인이었다고 말씀하셨습니다. 우리는 성찬 예배를 끝내고 동네로 가서 이 사건을 이야기하였습니다. 그 때 많은 파라사인들은 성모 마리아 교외 소성당으로 달려갔습니다. 그리고 연못으로 가서 성인의 기적에 의해 성당 안에 뿌려졌던 이 성수를 담아서 경건하게 가지고 집으로 돌아 갔습니다."

이 사건 이후 하치에펜디스 신부는 마음이 편치 않다는 이유로 그의 켈리에서 사십 일간 바깥 출입을 하지 않았는데 동네 사람들은 신부가 아픈 줄로 생각하였다. 어떤 사람들은 이 사건 이후로 신부가 겁에 질려 밖에 나오지 못한다고 말하였다.

사람들은 아르세니오스 신부에게 주교가 될 것을 끈덕지게 권하였다. 그러나 그는 본인이 화를 잘 내므로 주교가 되어서는 안 된다고 단언하면서 항상 거절하였다. 신부가 관대하고 덕망 있는 사람이라는 것을 알고 있는 사람들에겐 다음과 같이 말하였다. "나는 주교가 되지 않을 것입니다. 왜냐하면 나는 교만이 무섭기 때문입니다. 산이 높으면 높을수록 안개는 더 많이 낍니다." 예루살렘 대주교는 아르세니오스 신부를 주교직에 임명하려고 신부의 형인 블라시오스를 시켜 그를 설득하도록 요청하였다. 그러나 신부는 형의 설득도 받아들이지 않았다.

그는 값진 고위 성직자의 자루보다는 자기의 어깨에 있는 가난하기 짝이 없는 염소 가죽으로 만들어진 자루를 선호하였다. 이 자루 안에는 자신을 낮추는 마음 속에 자리잡은 하느님의 나라가 숨겨져 있었다. 그렇지만 예루살렘 대주교가 섭섭해하기를 원치 않았으므로 순례자들을 도울 목적으로 대주교 대리직을 받아들였고 그의 성당이 속해 있는 케사리아의 주교청에서 아르세니오스 신부를 사랑하고 존중하였던 대주교가 마음 아파하지 않도록 대주교 대리직도 받아들였다.

　선과 덕은 아무리 감추려고 애를 써도 감춰지지 않는다. 이것은 체가 해를 감출 수 없는 것과 같다. 왜냐하면 체의 구멍들로부터 햇빛이 퍼져 나아가 감춰질 수 없기 때문이다. 살아 있는 성인인 신부의 경우도 햇빛과 체 같은 경우로서 신부는 자기가 가지고 있는 선과 덕을 감추려 하였지만 그의 선과 덕의 빛은 사람들의 생각을 꿰뚫었다.

　우리는 그의 거룩한 삶과 그가 일으킨 수많은 기적들을 통해서 그가 성인임을 알려 주는 많은 증거들을 볼 수 있다. 그 당시 나이가 많았던 파라사인들이 지금은 세상을 떠났지만 젊은 사람들 중에 꽤 많은 사람들은 아직 살아 있다. 이들 역시 이 책의 끝 부분에 언급된 많은 사건들에 대한 목격자들이다.

　하느님의 축복을 받은 사람인 하치에펜디스 신부는 하느님으로부터 받은 많은 은총들 중에 미래에 일어날 사건들을 볼 수 있는 은총도 받았다. 신부는 파라사인들이 그리스로 떠날 것이라는 것을 오래 전부터 하느님을 통하여 알고 있었다. 그래서 그는 파라사인들에게 여러 가지 일을 벌이지 말고 먼 여행을 위해 절약하라고 말하곤 하였다. 파라사를 떠나기 일 년 전 한 여인이 신부에게 다음과 같이 말하였다.

　"하치에펜디스 신부님, 저를 축복하여 주십시오. 올해 우리가 쫓겨날 것이라는 소문을 들었습니다."

　아르세니오스 신부는 대답하였다.

　"마음을 가라 앉히시오. 그리고 하던 일이나 하시오. 우리가 이 곳을 떠나기엔 아직 일년이 더 남아 있습니다."

일년이 지나자 그들에게 빨리 떠날 준비를 하라는 슬픈 소식이 전해졌다. 물론 강제적인 민족 교체에 의한 추방은 매우 가슴 아픈 일이었지만 자애로운 신부는 모국 그리스로 다시 돌아 간다는 사실을 가지고 그들을 위로하였다. 모든 파라사인들이 떠날 준비를 시작하였고 신부 역시 떠날 준비를 하였다. 신부는 먼저 그 당시 세례 받지 않은 모든 어린아이들에게 세례 성사를 베풀었다. 그 때 프로드로모스 에즈네피디스의 자식도 세례를 받게 되었는데 다음과 같은 일이 생겼다. 이 아기의 부모들은 이 아기의 할아버지 이름이었던 흐리스도스를 이 아이에게 주려고 하였다.[62] 그러나 아르세니오스 신부는 이 이름을 원하지 않았다. 왜냐하면 신부는 이 아이가 자라서 수도사가 될 것이라는 것을 알고 있었기 때문에 자기 이름을 주기를 원하였으며 그 아이의 부모들에게 다음과 같이 말하였다.

"당신들이 할아버지의 이름을 따서 계속 대를 이으려 하고 있습니다. 그러나 나는 수도사[63]가 될 이 아기가 나의 대를 잇도록 이 아기에게 나의 이름을 주기를 원합니다."

신부는 대모에게 말하였다.

"아르세니오스라고 말하시오."[64]

사실 이 아기는 어려서부터 수도사가 되기를 원하였으며 정말로 수도사가 되었다. 아르세니오스 신부의 기도에 의해서 이 아기가 수도사가 되었던 것이거나 혹은 신부에게 미래를 미리 볼 수 있는 은총이 있었던 것이다. 바로 위에서 언급한 이 두 가지 사건, 즉 파라사인들이 그리스로 떠나는 것과 아기가 자라서 수도사가 된 것은 신부가 성인임을 나타내는 또 하나의 증거이다.

아이들의 세례 성사가 끝난 후, 신부는 성당에서 쓰던 성기물들이

---

[62] 그리스에선 대부분 할아버지와 할머니의 이름을 손자와 손녀에게 주는 관습이 있다.
[63] 이 아기는 즉 작가인 파이시오스 수도사이다.
[64] 세례 성사가 진행되는 동안 세례 진행 신부는 대부나 대모에게 아이의 이름을 무엇으로 할 것인지 물으며, 이렇게 하여 처음으로 대부나 대모가 대자나 대녀의 이름을 부르게 된다.

회교도들에 의해 더럽혀지지 않게 하기 위해 일 주일 동안 성 바라히시오스 순교자와 성 요나스 순교자 성당에 땅을 파서 일부는 그 곳에 묻고 나머지는 공동 묘지에 땅을 파서 묻었다. 성당 성기물들은 옮길 수 없었다. 왜냐하면 나귀들의 양쪽으로 매달은 상자에 아이들이나 매우 연로한 노인들과 먼 여행을 위해 꼭 필요한 양식들을 넣었기 때문이다.

자애로운 신부는 인자한 아버지처럼 사람들을 돌보았다. 착하고 은혜를 아는 사람들은 가슴 아픈 이 쓰라린 이주 과정에서 신부를 육체적으로 좀 쉽게 하려고 노력하였다. 그래서 신부의 피곤을 덜기 위해 신부를 태울 순한 나귀를 준비하였으나 신부는 어떠한 경우에도 이 나귀 등에 앉기를 거절하였다. 그 때 이주 담당 책임자들은 3명의 아주 경건하고 힘 센 젊은이들을 정하여 신부의 뒤를 따르도록 했다. 그들의 이름은 크후티스 마을의 모이시스 코글라니디스, 솔로몬 코스케리디스 그리고 사란티스 초푸리디스였다. 물론 신부는 사람들로부터의 보호가 필요하지 않았다. 왜냐하면 이 여행 과정에서 나타나겠지만 신부는 영적으로 용감한 청년이었으며 그리고 하느님이 주시는 힘을 가지고 있었기 때문이었다.

이주는 1924년 8월 14일에 시작되었다. 터어키인들은 이미 와 있었고 이주하느라 정신 없는 사람들의 화를 돋우었다. 신부와 파라사 출신의 이주민들은 이주하면서 처음으로 만난 마을인 아흐야부데스(야흐-얄리)에서 성모 마리아 안식 축일(8월 15일)을 맞았다. 아르세니오스 신부는 선한 목동처럼 자신의 양떼와 함께 떠났다. 신부는 파라사를 떠나면서 성 바라히시오스 순교자와 성 요나스 순교자 성당의 성 제단에 있던 성 요한 흐리소스토모스[65] 성인의 성 유해를 함께 가지고 떠

---

[65] 345년 시리아의 안티오키아에서 태어났다. 철학과 법학을 공부하였으며 안티오키아에서 변호사로 일하였다. 그는 신학을 공부하였고, 세례를 받고서 수도적인 삶을 살기 시작하였다. 그 후 그는 신부가 되었다. 그의 명성은 비잔틴 제국 전체에 퍼져 있었으며 콘스탄티누폴리스로 가서 총대주교가 되었다. 그는 설교에서 사회의 도덕적인 선도를 주장하고 옳은 것에 대해 말하기를 주저하지 않았다. 성직자와 제국 관계자들을 비평하여 황후 에브

나야 하는 것을 깜빡 잊었다. 신부는 성 유해를 가져 오기 위해 아흐야부데스에서 60킬로미터(가는 데 30킬로미터, 돌아오는 데 30킬로미터)를 걸어서 파라사로 다시 가야만 했다. 신부는 사람들을 고생시키지 않으려고 아무도 동반하지 않고 혼자 성 유해를 가지러 갔다. 그리고 불안해 하면서 자신을 기다리고 있던 양떼들 곁으로 돌아왔다. 터어키 당국은 아흐야부데스에서 신부를 호위하려고 경찰 한 명을 보냈다. 이 경찰은 신부를 사전에 보호하여 니그디까지 아무런 불상사 없이 무사히 도착할 수 있도록 하는 임무를 맡았다. 이주하던 파라사인들은 에네힐에서 울라가츠로 걸어가고 있을 때 말을 탄 매우 사나운 터어키인을 만났다. 이 터어키인은 호위 경찰에게 말하였다.

"저 인간(아르세니오스 신부)이 어디에 소용이 된다고! 저 인간을 왜 아무데나 던져 버려서 네 일을 얼른 끝내지 않고 병신처럼 헛수고를 하고 있냐?"

신부와 함께 가던 세 명의 청년들 중에 한 명은 터어키인들이 신부에게 나쁜 짓을 할까 봐 걱정이 되었다. 그리하여 터어키인들에게 신부가 정식 대표이므로 신부를 잘 대하라고 말해 줄 것을 호위 경찰에게 부탁하였다. 신부는 그 청년에게 말하였다. "그런 말을 해서는 안 되네. 자, 얼른 갈 길을 서두릅시다." 그들은 싈 길을 계혹히였다. 세 청년 중에 한 사람인 모이시스 코글라니디스가 이야기한 바에 의하면 이 터어키인은 20미터도 못 가서 자기 말에서 떨어졌다. 이 광경을

독시아와 교회 단체의 반발을 일으켜 그는 추방을 당하게 된다. 결국 그는 407년 9월 14일 이 세상을 떠났다. 그가 이 세상을 떠난 후 30년이 지나 그의 성 유해는 콘스탄티누폴리스로 옮겨져 성 사도 성당에 모셔졌다. 난어의 어원을 보면, 흐리소($\chi\rho\upsilon\sigma o$)는 황금을 의미하며, 스토마($\sigma\tau\acute{o}\mu\alpha$)는 중성으로서 입을 의미한다. 이 두 단어가 합쳐져 황금 입을 가진 사람($\chi\rho\upsilon\sigma\acute{o}\sigma\tau o\mu o\varsigma$)이 된다. 그의 웅변술, 가르침 그리고 설교는 모든 사람들을 감동하게 하였다. 그래서 사람들은 그에게 황금입이라는 이름을 붙여 주었다. 그는 정교회에서 특별한 위치를 갖고 있는데, 일요일마다 진행되는 성찬 예배식은 성 요한 흐리소스토모스 성찬 예배식이다. 그의 축일은 11월 13일, 1월 27일(이장 기념) 그리고 1월 30일(성 대 바실리오스, 성 그리고리오스, 성 요한 흐리소스도모스 3대 교부)이다.

본 터어키인 호위 경찰이 아르세니오스 신부에게 말하였다. "당신은 성인입니다!"

그 순간부터 호위 경찰은 매우 조심스럽게 행동하였다. 하치에펜디스 신부는 청년들에게 말하였다. "내가 저주하지 않았는데도 그가 말에서 떨어졌군."

니그디에는 파라사 출신 사람들뿐만 아니라 병에 걸려 시달리는 많은 니그디 주민들이 신부를 기다리고 있었다. 이곳 주민들은 신부가 그 곳을 지나 간다는 소문을 듣고 신부가 자기들의 병을 고쳐 주기를 바라고 있었다. 이들 환자 중에는 마귀에 들려 심하게 시달리고 있던 부잣집 딸이 있었다. 신부는 많은 사람들이 마귀에 들려 고통에 시달리던 부잣집 딸 뒤를 호기심으로 따라다니는 것을 보고는 그 사람들을 모두를 쫓아내고는 그녀의 아버지에게 다음 날 다시 데려 오라고 하였다. 다음 날이 되자 아버지는 딸을 신부에게 데려 갔다. 신부가 복음경을 읽으며 기도를 하자 마귀가 곧 떠나 갔고 그녀는 제 정신으로 돌아 왔다. 그녀의 아버지는 감사하기 위해 돈주머니를 꺼내서 신부에게 받아 줄 것을 간청하였다. 그러나 신부는 그것을 받지 않았다. 아버지는 신부가 돈을 받지 않으면 자기 딸이 다시 마귀에 들릴 것이라 생각하여 돈주머니를 받으라고 계속 졸랐다. 신부는 그의 고집을 보고 돈주머니에 있는 돈을 땅 위에 놓으면서 말하였다. "자네의 딸이 다시 병에 시달리지 않기를 원한다면 자네의 손으로 이 돈을 가난한 사람들에게 나누어 주게." 그러자 그는 감사하는 마음으로 그 돈을 사람들에게 나누어 주었다.

아르세니오스 신부는 고생과 시련을 동반한 가슴 아픈 이주의 불행 속에 있었음에도 불구하고 하느님과 하나가 되어 있었기 때문에 하느님의 은총이 계속 퍼져 나가게 하였다. 그래서 이주를 하던 파라사 사람들은 하느님이 그들과 함께하고 계심을 확실하게 느꼈다.

아르세니오스 신부는 5일 정도의 도보 여행에서 많은 고생을 하였음에도 불구하고 여행으로 인한 피로를 괘념치 않았다. 신부는 여든세

살의 나이에도 불구하고 지켜 온 관례66)를 계속하려고 하였다. 이것을 본 파라사인들은 하느님의 축복이 그들과 함께 있도록 하기 위해67) 신부를 억지로 마차에 태웠다.

하치에펜디스 신부는 파라사에서 함께 떠나 온 사람들을 계속 위로하기에 여념이 없었다. 왜냐하면 파라사인들이 그리스에서 가서 이곳 저곳에 흩어져 살아야 하는 그들 사이에 있을 이별과 다른 세상으로 떠나 갈 신부와의 영원한 이별을 파라사인들이 침착하게 받아들일 수 있도록 하기 위해서였다. 신부는 파라사에 있을 때 하던 말을 그들에게 상기시켰다. 그리스에 갈 때 우리들은 여기저기 흩어져 살 것이고 뒤죽박죽이 될 것입니다. 또한 그들에게 덧붙여 말하였다. "우리 모두가 그리스로 가면 나는 그 후 단지 40일간 살 것이며 섬에서 여러분들과 영원한 작별을 할 것입니다."

그의 거룩함은 하느님의 은총과 위로가 파라사인들이 타고 있던 배에까지 계속하여 퍼져 나가게 하였다. 끊임없는 참된 수도 생활의 결과로 그의 얼굴은 잘 익은 모과 색깔처럼 빛났다. 아르세니오스 신부는 인간의 본성을 초월해 있었다. 그것은 그리스도를 향한 사랑으로 했던, 자연을 초월한 영적인 노력에 의한 결과였으며 또한 그의 양떼를 향한 사랑 때문에 55년 간 선한 목자로서 양떼를 인도하면서 겪은 많은 고통과 시련들에 의한 결과였다.

신부로서 활동하던 기간 동안 그리스도의 포도원에서 피곤에 지치지 않고 좋은 일꾼으로 일하였던 아르세니오스 신부를 힘들게 했던 것은 일 자체가 아니었다. 신부에게 힘들었던 것은 잠들지 않은 채 포도68)를 시기는 일이었다. 왜냐하면 파라사는 매우 외딴 곳에 있었고

---

66) 아르세니오스 신부는 그의 일생동안 동물들의 등 위에 앉기를 원치 않았다. 그리스를 향해 파라사를 떠나면서 사람들이 억지로 신부를 마차에 태운 것을 제외하고 자신이 편하기 위해 교통수단으로 동물을 사용한 적이 없다.
67) 아르세니오스 신부는 하느님의 많은 은총을 무수히 받은 사람이므로 신부가 이 세상을 떠나면, 은총이 파라사인들로부터 떠날 것이라고 파라사인들은 생각하였다.

그 주위에는 덤벼들려고 노리고 있는 맹수들(체테스)이 있었기 때문이었다. 체테스들의 목적은 포도원의 울타리를 부수어 포도를 파괴하는 것이었다. 하느님은 이 커다란 불안을 지켜 보시면서 모든 포도나무들(파라사인들)을 뿌리째 뽑아 포도원 경작자(아르세니오스 신부)와 함께 하느님의 커다란 포도밭인 그리스에 다시 심으시려고, 그리고 포도원 경작자는 곁으로 데려가 편히 쉬게 하시려고 모두를 그리스로 가게 하셨다.

배에 탄 그들의 모습은 정말 각 가정마다 묶여진 포도 덩굴을 방불케 하였으며 자애로운 신부는 그들을 사랑과 정성으로 보살폈다. 신부는 그들이 먹던 음식－비계로 만들어진－이 금식 음식이 아니라고 해서 식사를 하지 않는 사람들과 정신이 혼란하여 먹을 수 없는 사람들에게 말하였다. "지금 금식을 하지 마십시오. 솥에서 나오는 것은 전부 드십시오. 모든 것이 정리되면 그 때 금식을 다시 하십시오." 신부 역시 보리빵을 하나 꺼내어 식사에 동참하였다. 그러면서 다음과 같이 말하였다. "고기를 먹지 않는 나를 보지 마십시오. 나는 신부이기 때문에 고기 먹는 것을 피합니다."

많은 고생 끝에 배는 그리스에 있는 피레아스 항구에 도착하였다. 마침내 그들은 그리스 땅을 밟게 되었으며 성 요르기오스 지역에 발을 디뎠다. 그 날은 1924년 9월 14일[69] 십자가 현양 축일로서 사람들은

---

[68] 정교인들
[69] 콘스탄티노스 대제는 서기 312년 10월 28일 점심에 하늘에 십자가와 '이것으로 승리한다'라고 쓰여있는 것을 보았다. 그때부터 십자가는 대제 군대의 상징이 되었다. 그는 인간 세계의 미래가 그리스도교에 속함을 깨닫고서, 그리스도교인들을 박해하지 못하도록 칙령을 내렸다. 서기 326년 콘스탄티노스 대제의 어머니 엘레니 성인은 예수 그리스도가 못 박혔던 십자가를 찾기 위해 예루살렘으로 갔다. 십자가는 로마인들에 의해 땅 속에 묻혀 있었다. 엘레니 성인은 십자가를 찾을 방법이 없었는데 갑자기 향기가 나서 향기가 나는 곳으로 갔다. 그곳에 갔더니 한 풀에서 향기가 나오고 있는 것이었다. 그 풀은 임금풀(그리스인들은 이것을 화분에 심으며, 한국 정교회에도 이 임금풀이 있다.)이었다. 임금풀이 있는 곳에 발굴 작업을 하였는데, 그곳에서 3개의 십자가가 나왔다. 이 3개의 십자가 중에 어느 것이 그리스도께서 못 박혔던 십자가인지 몰랐으나, 그 시간에 마을

감격스럽게 이 큰 축일을 경축하였다. 그들은 피레아스의 성 요르기오스 지역에서 삼 주간 머물렀고, 케르키라를 향해 여행을 계속하여 그곳에 있는 성에 잠시 그들의 짐을 풀었다.

하지만 거기서 선하고 덕이 있는 하치에펜디스 신부가 병을 얻었다. 파라사인들은 신부의 병에 대해 매우 걱정하였다. 사람들은 신부가 원하지 않았음에도 불구하고 성 안에서 고생하지 않도록 억지로 시립병원으로 옮겼다. 신부는 파라사인들과 작별하고 시립병원으로 가고 싶지 않았다. 그래서 눈물을 흘리면서 사람들에게 요청하였다. "내가 당신들 곁에서 이 세상을 떠날 수 있도록 나를 가만히 놓아 두십시오." 파라사인들은 신부를 사랑하였기 때문에 신부의 말을 듣지 않았다. 신부가 '그리스에서 나는 단지 사십 일을 살 것입니다.'라고 누누이 말하였음에도 불구하고 그들은 병원에서 치료를 받으면 건강이 좋아질 것으로 생각했고, 그러면 신부가 곁에 계속 있을 수 있다고 생각하였다.

신부가 세상을 떠날 날이 점점 가까이 다가왔다. 신부는 하늘 나라로 떠나야만 하였다. 그리고 그가 이 세상에 있을 때는 원하는 것에 대하여 용기를 갖고 하느님께 기도를 하면 하느님께서 들어주셨으므로 이제는 하늘 나라에서 이 파라사인들을 더 많이 도와 주리라는 것은 의심의 여지가 없었다. 그는 2수일간 케르키라의 성 안에서 실있고, 성 요르기오스 성당에서는 두 번 성찬예배를 집전하였다. 한 주간은 병원에 입원하였는데 파라사인들은 걱정과 근심으로 병문안을 하러 갔다. 어느 날 프로드로모스가 다시 병문안을 하고 신부의 옷을 빨기 위해

의 장례행렬이 지나가는 것을 보고 그 시체를 데려와 한 십자가 위에 놓았더니 시체가 다시 살아나는 기적이 일어났다. 엘레니 성인은 감격의 눈물을 흘리며 이 십자가를 마카리오스 예루살렘 총대주교에게 주었으며 335년 9월 14일 총대주교는 이 십자가를 부활 성당에 모셔 놓았다. 613년 페르시아인들은 팔레스타인을 약탈하게 된다. 그때 페르시아인들은 이 십자가를 그들의 나라로 옮겨 갔다. 이라클리오스 황제는 페르시아와의 전쟁에서 승리하여 이 십자가를 다시 예루살렘으로 가져 갔다. 626년 9월 14일 자하리아스 대주교는 부활 성당에 이 십자가를 다시 모셨다. 그래서 정교회는 이날을 십자가 현양 축일로 정하였다. 이날은 금식을 하므로 고기는 물론 우유, 비티, 치이즈, 올리브기름을 먹지 않는다

▲ 콘스탄티노스 성인과 엘레니 성인
　성 요한 복음사도 수도원

옷을 달라고 요청하자 신부는 그에게 대답하였다.
 "자네, 왜 내 옷을 빨려고 하는가? 내일이 아닌 모레에 이 옷은 흙에 들어가게 될 것이네."
 프로드로모스는 이 말을 이해하지 못한 채 다시 요청하였다.
 "지금 신부님께서는 편찮으시고 연로하시므로 제가 신부님 옷을 빨 터이니 옷을 주십시오."
 신부는 대답하였다.
 "내가 늙었기 때문이란 말인가? 나는 신부가 아니란 말인가?"
 그는 진정한 신부였다. 그 날 프로드로모스는 신부의 옷에 붙어 돌아다니고 있는 이를 보았다. 그 때 다른 사람들도 거기에 있었으므로 프로드로모스는 이 이를 잡아 죽이려고 하였다. 하치에펜디스 신부는 크게 소리쳤다.
 "가엾은 이를 죽이지 말게나."
 그러더니 신부는 이를 받아서 옷 속에 넣었다. 그리고 나서 프로드로모스에게 말하였다.
 "나한테 와서 살을 좀 먹을 수 있도록 놓아 두게나. 벌레들만 살을 먹는 줄 아는가?"
 그리고 나서 병문안하러 온 방문객들을 둘러 보더니 나음과 같이 말하였다.
 "여러분! 여러분은 몸보다 영혼을 더 많이 보살피십시오. 몸은 땅 속에 묻힐 것이고 그것은 벌레들이 먹습니다."
 이 말은 인생의 깊은 의미가 담긴 그의 마지막 설교가 되었다.
 문병객들이 모두 떠나고 프로드로모스만 남았을 때 신부가 그에게 말하였다. "프로드로모스! 영원한 작별을 고해야만 할 것 같네. 나는 모레 다른 세상으로 간다네. 어제 점심 무렵에 성모 마리아가 오셔서 나를 아기온 오로스로 데려가셔서 그 곳을 구경시켜 주셨다네. 나는 그렇게도 갈망했던 수도원70)들을 보았네. 내 생전에는 내게 성산을 방

---

70) ≪정교회를 알고 계십니까?≫, 한국 정교회, P. 34-35 · 원래 수도원은 세속

문할 기회가 주어지지 않았었네. 프로드로모스! 내가 자네에게 무엇을 말할 수 있단 말인가! 성산에 그렇게도 많은 수도원과 그렇게도 큰 성당들이 있다니! 그것들은 매우 훌륭하다네!"

이 말을 하고 다시 말하였다.

"8일 후에 자네의 안사람 키리아키가 이 세상을 떠날 텐데 괴로워하지 말게. 그리고 스테파노스 카라무라티디스의 아내 알말루도 13일 후에는 이 세상을 떠날 걸세."

신부의 말대로 그 여인들 역시 정말 그 날 이 세상을 떠났다.

이틀이 지났다. 그리고 신부가 사랑하던 사람들과 작별할 날인 '모레'가 다가왔다. 하느님의 진정하고 충실한 종 아르세니오스 신부는 먼저 성체 성혈[71]을 받은 후, 우리의 하느님 그리스도 곁으로 영원한

을 떠나 기도 생활을 하는 사람들이나 은둔자들을 위한 은신처였다. 그러다가 나중에 신앙 생활의 중심이 되었다. 그리스 아토스 산의 수도원들은 남성 수도자들만이 기거하는 하나의 수도자 사회를 이루는 것 외에도, 헤아릴 수 없는 필사본들과 종교적 유물들로 그 자체가 마치 비잔틴 박물관과 같다. 아토스 산은 10세기에 하나의 수도자 사회가 되었다. 그 후 14세기 말경에 이르러 많은 수도원들이 설립되었으며 그 수도원들은 세계 총대주교청 관할하에서 운영되었다. 이렇게 '수도원을 설립하는 것이 하느님을 기쁘게 해드리는 훌륭한 행위'로 생각되었던 것이다. 현재의 수도원 제도는 4세기에 성 바실리오스가 제정한 규율 위에 형성되었다.

[71] ≪정교회를 알고 계십니까?≫, 한국 정교회, P. 19-20 : 성체 성혈 성사는 주님의 몸과 피가 신도들에게 영해지는 성사이다. 신성한 감사의 성사는 피흘림이 없는 봉헌이다. 신도는 이 성사로 골고다의 희생에 참여한다.(요한 6 : 51-56 : 나는 하늘에서 내려 온 살아 있는 빵이다. 이 빵을 먹는 사람은 누구든지 영원히 살 것이다. 내가 줄 빵은 곧 나의 살이다. 세상은 그것으로 생명을 얻게 될 것이다. 하고 말씀하셨다. 유다인들이 이 말씀을 듣고 이 사람이 어떻게 자기 살을 우리에게 먹으라고 내어 줄 수 있단 말인가? 하며 서로 따졌다. 예수께서는 다시 이렇게 말씀하셨다. 정말 잘 들어두어라. 만일 너희가 사람의 아들의 살과 피를 먹고 마시지 않으면 너희 안에 생명을 간직하지 못할 것이다. 그러나 내 살을 먹고 내 피를 마시는 사람은 영원한 생명을 누릴 것이며 내가 마지막 날에 그를 살릴 것이다. 내 살은 참된 양식이며 내 피는 참된 음료이기 때문이다. 내 살을 먹고 내 피를 마시는 사람은 내 안에서 살고 나도 그 안에서 산다. 살아 계신 아버지께서 나를 보내셨고 내가 아버지의 힘으로 사는 것과 같이 나를 먹는 사람도 나의 힘으로 살 것이다.) ≪성찬 예배식≫ 한국 정교회, p. 86-88 : 성사도들이 성 목요일 주의 만찬에서 처음으로 주 예수 그리스도의 손으로

삶을 향해 여행을 떠났다. 그가 이 세상을 떠나던 순간에 그의 곁에는 아무도 없었다. 그는 그의 끊임없는 기도가 사람들에 의해 방해되지 않도록 아무도 곁에 있게 하지 않았다.

이 사람이 아르세니오스 신부이다!

어린 시절에 그는 하느님의 유일한 보호를 받았다!

그가 장성했을 때, 그는 하느님께 그리고 하느님의 사람들에게 자기 자신을 바쳤다!

그는 이 세상과 영원한 작별을 하는 순간까지도 하느님과 함께 있었다!

경건한 성가대원이었던 프로드로모스가 병문안하러 다시 신부를 방문하였을 때는 이미 신부가 이 세상을 떠났으므로 그는 이번엔 신부의 성 유해에 의해 축복을 받게 되었다. 신부는 매우 가치있는 영적인 매듭이었던 성 요한 흐리소스토모스 성인의 성해함을 가슴 위에 얹고 오른손으로 성해함을 꽉 쥐고서 이 세상을 떠났다. 성가대원은 이러한 모습으로 세상을 떠난 신부를 발견하였다. 부동산을 가지고 있지 않은 신부는 재산으로 남길 게 없었다. 단지 몇 권의 낡은 책만 있을 뿐이었다.

신부가 세상을 떠났다는 소식을 들었을 때 파라사인들은 그전에 신부가 그의 이별에 대하여 누누이 말했다는 사실만으로는 위로받지 못

직접 성체 성혈을 받았다. 오늘날에도 그 당시와 꼭 같은 예수 그리스도의 지극히 거룩한 성체 성혈을 사제와 보제 또는 모든 교인들에게 영한다. 처음에는 교인들에게도 성체와 성혈을 분리하여 영하였으나, 성체를 떨어뜨리는 일이 없도록 하기 위하여 또 많은 교인들에게 분리하여 영하면 너무 많은 시간이 소요되기 때문에 성체와 성혈을 동시에 영하게 되었다. 성체 성혈은 정교회 예식의 중심인 성찬 예배식에서 베풀어진다.

하였다. 수많은 사람들이 모였고, 장엄한 장례식이 거행되었다. 많은 현지인들도 신부의 장례식에 참석하였다. 그는 이 세상을 떠난 다른 신부들과 함께 케르키라의 공동 묘지에 영면하였다. 사람들은 아르세니오스 신부의 묘에 이름을 새겼다.

아르세니오스 신부는 83세로 1924년 11월 10일에 영면하였다.

동녘의 별,
거룩한 아르세니오스 신부는
별세하여
성 유해를 그리스에 남겼다.

나는 독자들이 아르세니오스 신부의 모습을 그려 볼 수 있도록 하기 위해서 그의 특징들을 묘사해 보고자 한다.

신부의 키는 1미터 80센티였고 건장하고 튼튼했었으며 오랜 수도 생활로 인해 매우 말랐다.

또한 그는 힘이 세었는데 청년 시절(신부가 되기 전)에 남자 네 명이 힘을 합쳐도 그를 넘어뜨릴 수 없었다.

청년 시절의 머리카락은 숱이 많았으며 금발에 가까웠다. 넓고 긴 수염에 수북하고 부푼 눈썹을 가지고 있었으며 이마에는 윤이 났다.

눈은 컸으며 하늘색 눈동자를 가지고 있었고 얼굴은 길었다.
야윈 양 볼은 수북한 수염으로 덮여 있었다.

얼굴에서 양 볼은 눈 밑으로 윤이 나고 뼈만 남아 있었다. 사람들은 그의 얼굴이 잘 익은 모과 색깔이었다고 말하였다.

어릴 적부터 항상 성숙하고 신중하게 행동하였으므로 모든 사람들은 그를 신부 대하듯 했다.

▲ 아르세니오스 성인
  성 요한 복음사도 수도원의 벽화

신부가 영면[72]한 때로부터 많은 세월이 흘렀지만 경건함 때문에 아무도 그의 묘를 이장할 용기가 없었다.[73] 고향을 등지고 떠나온 파라사인들은 신부를 성인으로 간주하였기 때문에 경건하게 살고 있는 파라사인들은 서로 만날 때마다 신부의 성 유해를 이장하기 위해 다음과 같이 묻곤 하였다. "혹시 하치에펜디스 신부님이 나타나시는 것을 누군가가 보았습니까?" 사람들은 모두 그의 성 유해가 변하지 않은 채 묘지에 있으리라고 생각하였다.

사람들은 신부가 세상을 떠난 지 삼십사 년 후에 그의 묘에서 살 없이 성 유해만 발견되었다는 말을 들었다. 그 때 많은 사람들이 분개하면서 말하였다. "하치에펜디스 신부님 같은 분이 그 오랜 수도 생활과 그가 일으킨 수 많은 기적들로 거룩하게 되지 않았다면 아무도 거룩하게 될 수 없습니다."

매우 소박하고 독실하게 살고 있던 몇 명의 파라사인들이 이렇게 생각하는 것은 당연하였다. 왜냐하면 신부의 삶은 거룩하였으며 영적인 발전기로서 계속하여 기적을 통해 하느님의 은총을 전달하였기 때문이다. 이 영적인 발전기는 하느님을 향한 큰 사랑에 때문에 그리스도교인들뿐만 아니라 터어키인들을 위해서도 작동하였다. 이것은 하느님을 믿는 사람이든 믿지 않는 사람이든 모두가 말하는 사실이었다.

지금은 여호와의 증인이 되어 있는 한 파라사 여인이 팡게오에 살고 있었는데 이 여인 역시 신부의 기적의 힘에 대하여 고백하였다. 그녀

---

[72] 정교회에서 사람들이 이 세상을 떠날 때, '죽었다'라는 단어를 사용하지않고 '잠들었다'라는 단어를 사용한다.
[73] 그리스에선 주로 시체 매장 몇 년 후 묘를 파낸다.

가 눈으로 직접 본 아르세니오스 신부의 기적들 중에 몇 가지를 나중에 언급하고자 한다.

팡게오의 팔레호리 마을에 솔로몬 코스케리디스(파라사를 떠날 때에 신부를 호위하던 3명의 청년들 중의 한 사람)는 다음과 같이 말하였다. "사람들은 하치에펜디스 신부님께 기도를 부탁하러 환자를 신부님께 데려 가곤 하였습니다. 신부님이 기도를 하자마자 환자의 병이 완쾌되는 것은 명약관화한 일이었습니다. 파라사에는 의사가 없었습니다. 하치에펜디스 신부님은 우리들의 의사였으며 그는 기도로써 우리들의 병을 낫게 하였습니다. 파라사인들말고도 주변 지역에 살고 있는 사람들과 도시에 사는 사람들도 신부님을 찾았고 또한 그 먼 네아폴리스, 프로코피, 시나소스 그리고 다른 지방들로부터 온 사람들도 신부님을 찾았습니다."

하느님을 통해서 이루어진 아르세니오스 신부의 공적은 이루 다 헤아릴 수가 없다. 누군가가 신부에 관한 사실을 듣기 위해 파라사인들을 만나려고 할 때는 신부의 공적을 모두 적기 위해서 공책을 한 권 가지고 가야만 할 것이다. 신부가 했던 이 영적인 일은 하루 이틀에 한 일이 아니었다. 그는 오십오 년간을 파라사에서 환자들을 위해 기도를 하였고 그리스도의 은총으로 계속 환자들의 병을 낫게 했다.

드라마에 있는 마을들을 마지막으로 방문했을 때 내 가슴은 파라사를 방문하고 싶어 두근거렸고 향수에 젖어 불타고 있었다. 1972년 10월 29일, 파라사를 방문하는 것이 나에게 매우 어려웠음에도 불구하고 하느님이 나를 어여삐 여기셔서 아토스 성산 스타브로니키타[74] 수도원에 있는 바실리오스 신부와 함께 파라사를 방문할 기회를 가졌다. 나는 이것에 대해 하느님께 매우 감사하고 있다. 케사리아에 도착했을 때 우리는 두근거리는 마음으로 지도에서 파라사를 찾아 보았지만 불

---

[74] 스타브로스($Σταύρος$)는 십자가를 의미하며, 니키($νίκη$)는 승리를 의미한다. 이 수도원은 바다 근처에 있는 바위 위에 있다.

행하게도 파라사는 더 이상 존재하지 않았다. 우리가 어느 터어키인에게서 다음과 같은 말을 들었다. "그리스도교인들이 파라사에 살았을 때는 파라사가 잘 정돈된 큰 마을이었다는 것을 오래 전에 들었습니다. 그렇지만 그리스도교인들이 떠나고 그리스로부터 터어키인들이 왔을 때 이들은 집을 망치고 더럽혔습니다. 그리고 나서 터어키인들은 파라사를 떠났습니다. 거기 파라사에 그리스도교인들이 살고 있었을 때 성인인 신부 한 분이 그 곳에 살고 있었습니다. 사람들은 그에게 환자들을 데리고 갔으며 그가 환자들을 위해 성경을 읽으며 기도를 하면 병이 나았습니다. 그의 켈리는 약국이었습니다." 우리는 어느 정도 사실들을 수집한 후 그 다음에 케사리아로부터 남쪽으로 백 킬로미터 이상 떨어진 야흐-얄리(아흐야부데스)에 도착하였다. 우리가 일을 계속할 수 있도록 바실리오스 신부가 지프차를 마련하는 동안 발코니에 앉아있던 두 터어키인들이 나에게 좀 앉으라고 하였다. 그들은 내가 어디에서 왔고, 어디를 가는지, 내가 신부인지 아닌지를 물었다. 나는 그들에게 나의 여행 목적에 대하여 말하였다. 그 중에 한 터어키 노인이 다음과 같이 말하였다. "거기 파라사에 한 성인 신부님이 있었습니다. 그의 이름은 하치에펜디스였습니다. 도처에서 환자들을 신부님께 데려 갔으며 신부님이 기도를 하면 환자들의 병이 나았습니다. 또한 사람들이 나를 신부님께 데려 갔었는데 내 머리가 삐뚤어져 있었기 때문이었습니다. 신부님은 나를 위해 기도하셨고 내 머리는 제 자리로 돌아왔습니다." 이 터어키인은 나에게 자기 머리가 어깨쪽으로 어떻게 삐뚤어져 있었으며 그리고 나중에 다시 어떻게 제 자리로 되돌아왔는지 보여 주다. 그리고 나서 바실리오스 신부가 왔고 우리는 케사리아로부터 남쪽으로 여행을 계속하여 삼십 킬로미터를 더 가서 파라사(다 합해서 130킬로미터 즉 케사리아에서 야흐 얄리까지 100킬로미터 그리고 야흐 얄리부터 파라사까지 30킬로미터)에 도착하였다.

파라사의 상황은 케사리아에서 만난 터어키인이 말한 그대로였다. 그리스도교인들이 파라사를 떠나기 전에는 그 곳에 그리스도교인 가정

▲ 1972년 카파도키아의 파라사를 방문하는 파이시오스 수도사

480가구가 살고 있었는데 그들이 1924년에 파라사를 떠난 이후에는 단지 터어키인 가정 70가구가 폐허 속에서 살고 있었다. 그리스도인들이 사용했던 성당은 회교 사원으로 바뀌었다. 그리고 지하에 있던 은신처도 발견되었다. 주민은 오직 두 명만을 제외하고 모두 강제적인 민족 교체에 의해 여기서 살게 된 터어키인들이었다. 위의 두 명은 민족 교체 이전에도 파라사에 살고 있던 유일한 터어키인 가족이었다. 이 두 명 중에 한 명이 파라사어를 기억하고 있었다. 나는 아르세니오스 신부의 켈리가 어디에 있었는지 알고 싶었다.

  거룩한 신부는 파라사에서 케사리아까지의 먼 거리(오고 가는데 260킬로미터)를 예루살렘 총 대주교 대리로서 해마다 서너 번을 걸어 다녔던 것이다. 이런 신부에 대해 어떻게 하느님이 감동 받지 않을 수 있었겠는가? 그리고 신부가 기적을 일으킬 수 있도록 어떻게 하느님이 충만한 은총을 아르세니오스 신부에게 주지 않을 수 있었겠는가?

아르세니오스 성인의 기적들

나는 아르세니오스 성인을 나의 마음에 새긴다. 그 이유는 첫째는 아르세니오스 성인의 자연을 초월한 노력 때문이고 둘째는 그가 사람들을 향해 쏟았던 사랑, 즉 인간적으로 그리고 기적으로 사람들을 도운 사랑 때문이다. 아르세니오스 성인에 대한 나의 절대적인 의무는 성인이 하느님 은총에 의해 행한 기적들 중에 몇 가지를 언급하는 것이라고 본다. 이렇게 하여 나는 아르세니오스 성인을 향한 경건한 마음에서 나의 배은망덕을 조금이라도 갚으려고 한다. 파라사 출신 노인들과 젊은이들이 이야기했던 기적들, 즉 거룩한 신부가 일으켰던 기적들 모두는 한결같이 하느님 은총에 의한 것임에 의심의 여지가 없다. 그리고 하느님 은총으로 말미암은 이 기적들이 비밀리에 일어날 수 없는 것도 사실이다. 그렇지만 아르세니오스 신부의 개인적인 삶은 전혀 알려지지 않고 있다.

많은 경건과 관심을 가지고 아르세니오스 신부를 지켜본 사람들은 모든 것을 기억하고 있었다. 나는 하느님께서 기억하시도록 이들의 이름을 적는다. 나에게 여러 가지 기적들에 대하여 이야기해 준 모든 파라사인들의 이름을 당연히 하느님은 말없이 기억하실 것이다. 그러나 나는 독자들이 지루함을 느끼지 않도록 그 이름을 전부를 언급하지는 않을 것이다. 하지만 같은 병을 앓던 사람들이 다수 치료된 경우는 제외하였다. 이것은 거의 전부가 성가대원 프로드로모스 코르치노글루가 알려 준 사실이다. 또한 이 성가대원은 하치에펜디스 신부에 대하여 이력서를 쓸 수 있을 정도로 상세하게 알고 있었다.

  한 바위 동굴 안에 성모 마리아의 교외 소성당이 있었다. 파라사인들은 넓은 공간을 마련하기 위해 바위 바깥 쪽으로 판자를 깔아 공간을 넓혔다. 사람들이 이 곳에 도착하려면 바위에 있는 사십 개의 조각된 계단과 판자로 만든 백이십 개의 계단을 올라 와야만 하였다. 이 교외 소성당에는 늘 아르세니오스 신부와 프로드로모스가 예배를 드리러 갔다. 어느 날 성찬 예배가 끝났을 때 신부가 잠시 밖으로 나왔다. 그 때 신부가 기대었던 곳의 판자의 못질이 잘못되어 있어서 못이 빠져 나오는 바람에 신부가 절벽에서 떨어졌다. 신부가 떨어지는 것을 맞은 편에서 보고 있던 한 농부가 그의 젖소들을 내버려 두고서 신부의 사지가 찢겨 사방으로 흩어졌을 것이라고 생각하면서 놀라 뛰어 갔다. 프로드로모스는 성소를 정돈하기에 여념이 없었으므로 밖에서 무슨 일이 일어나고 있는지 알 수 없었다. 이 농부가 절벽 가까이에 도착해서 아르세니오스 신부가 멀쩡히 살아 있는 것을 보았는데 신부는 움직이지 않고 있었다. 그는 가까이 가서 신부를 붙잡으려고 하였다. 그 때 신부가 농부에게 말하였다. "나를 잡지 말게. 나는 아무렇지도 않다네."

  신부는 움직이지 않고 있었다. 그가 움직이지 않은 것은 다쳐서가 아니라 커다란 감격을 느껴서였다. 왜냐하면 그가 절벽으로 떨어지는 순간에 한 여인이 그를 가슴에 안고서 절벽 아래로 내려 놓았기 때문이었다. 본인이 이야기한 바에 의하면 신부는 그 순간에 자신이 어머니의 품 속에 있는 아기처럼 느껴졌다고 말하였다. 이 감격 후에 신부는 일어나 절벽으로 가서 백육십 개의 계단을 다시 올라 갔다. 계단들만의 높이만으로도 오십 미터나 되었다. 신부는 다시 성모 마리아의 교외 소성당에 가서 프로드로모스에게 이 일을 이야기하였다. 그 후 농부는 파라사에 가서 그가 본 이 사건을 사람들에게 말하였다.

사띠 출신 아네스티스 카라우소글루의 증언은 다음과 같다. 결혼한 한 사제의 부인이 불임이었다. 이 사제는 하치에펜디스 신부의 기도로 아이들을 낳을 수 있도록 신부에게 부인의 옷을 가져갔다. 아르세니오스 신부는 기도를 한 후 사제에게 말하였다. "자네의 부인은 딸을 낳을 걸세. 딸의 이름을 에바라고 하게나." 신부가 말한 것처럼 그녀는 딸을 낳았다.

사람들은 언젠가 수요일에 텔렐리데스에서 회교인이며 맹인이었던 여인을 하치에펜디스 신부에게 데려 갔다. 그녀의 이름은 화트마였고 신부의 기도로 그녀의 눈을 뜨게 하기 위해서였다. 신부는 수요일엔 바깥 출입을 하지 않았는데, 맹인 여인을 데려 온 사람들이 켈리의 문을 꽤 두드렸다. 아무런 답이 없자 그들은 문 밖에 그녀를 남겨 놓고 메소호리로 갔다. 그 때 한 파라사 여인이 손에 상처를 입어 하치에펜디스 신부의 켈리로 갔다. 그녀는 켈리의 문간에 있던 흙을 손에 쥐고서 다친 손에 발랐다. 그러자 손의 상처가 아물었다. (모든 파라사인들은 아르세니오스 신부가 바깥 출입을 하지 않는 날에는 ―즉 수요일과 금요일― 신부를 방해하지 않으려고 이렇게 하였다.) 이 파라사 여인이 앞 못 보는 여인을 보았을 때 신부를 기다리고 있는 이유를 물었고 맹인이 대답하자 파라사 여인이 말하였다.

"왜 이곳에 앉아서 시간을 낭비하고 있나요? 하치에펜디스 신부님이 수요일과 금요일에는 문을 여시지 않는다는 것을 몰랐나요? 켈리의 문간에 있는 흙을 집어 당신의 눈에 바르면 당신의 눈은 좋아질 것입니다. 만일 이 날에 아프면 우리는 모두 이렇게 합니다."

파라사 여인은 일하러 갔다. 처음에 이 회교도 여인은 파라사 여인으로부터 들은 것을 이상하게 생각하였다. 하지만 그녀는 더듬거리면서 문간을 찾았다. 그리고 문간에 있는 흙을 집어 눈에 대고 비볐다. 그랬더니 그녀는 곧 희미하게나마 보기 시작하였다. 그녀는 기쁨과 희열을 억제할 수 없어 돌을 하나 집어 미친 여인처럼 아르세니오스 신부의 켈리 문을 두드리기 시작하였다. 신부가 문을 열었다. 신부는 그녀가 회교도인인 것을 말하지 않았지만 알아 보고 그녀에게 무엇을 원하는지를 물었다. 그녀가 찾아 온 이유를 신부에게 말하자 신부는 복음경을 읽으며 기도를 하였고 그녀는 곧 분명하게 사물을 보게 되었다. 그 때 그녀는 기쁨에 넘쳐 신부의 발에 엎드려 경건한 마음으로 신부에게 경배하였다. 그러나 신부는 그녀에게 화를 내면서 다음과 같이 말하였다.

"경배하고 싶으면 나에게 하지 말고 당신의 눈을 뜨게 하신 그리스도께 경배하시오."

환희와 희열에 젖은 그녀는 자기를 데려왔던 사람들을 찾아 자기 마을로 돌아갔다.

켈 미리 마을 사람들이 나병에 걸린 여인을 하치에펜디스 신부에게 데려 갔다. 신부가 복음경을 읽으며 기도하자 나병이 깨끗이 나았다. 이것은 프로드로모스 코르치노글루가 이야기한 것으로서 그 후 그녀의 얼굴은 아이의 얼굴처럼 부드러워졌다고 한다.

드 라마 지역에 살았던 파라사인들은 테살로니키로 가서 자리를 잡고 살고 있었는데, 다음과 같이 이야기하였다. 하치-페흐테스에서 두 명의 세호스(회교도들의 지도자이면서 마법사)들이 아르세니오스 신부를 방문하였다. 신부는 그들을 받아 들였고 커피를 대접하였다. 그런데 세호스들은 어리석고 어지러운 질문들을 하기 시작하였다. 이 실문들은 난시 머리만 아프게 할 뿐이었다. 신부는 여기에서 벗어나기 위해 그들에게 다음과 같이 말하였다.

"나의 머리가 아파서 자네들의 말을 들을 수가 없네."

그러나 그들은 신부의 말을 이해하지 못했고 그 중 한 사람이 아르세니오스 신부에게 말하였다.

"하치에펜디스 신부님! 저희들이 신부님께 부적을 만들어 드리겠습니다. 이 부적을 몸에 간직하시면 신부님의 일생 중에 다시는 머리가 아프지 않을 것입니다."

신부는 그 때 그들을 엄하게 꾸짖었다.

"나는 자네들의 힘보다 더 큰 힘을 갖고 있다네. 나는 그리스도의 힘으로 자네들이 앉아 있는 그 자리에 자네들을 꼼짝 못하도록 할 수 있네."

그러면서 신부는 곧 그의 켈리 옆으로 갔다. 세호스들은 커피를 다 마신 후 떠나기 위해 앉아 있던 자리에서 일어나려고 안간힘을 썼지만 꼼짝할 수가 없었다. 그들은 보이지 않는 끈으로 묶여 있는 것처럼 느꼈다. 하는 수 없이 그들은 그 자리를 떠나기 위해 아르세니오스 신부를 불러야만 하였다. 신부는 곧 그들에게 가서 아무 말도 하지 않은 채 단지 손짓으로 그들에게 떠나라고 하였다. 이렇게 하자 그들은 앉아 있던 자리에서 움직일 수 있었다. 세호스들은 그들의 잘못을 깨닫고서 신부에게 용서를 빌었다. 그리고 떠나면서 다음과 같이 말하였다.

"하치에펜디스 신부님! 저희들을 용서하십시오. 신부님의 힘을 무어라 표현할 수 없습니다. 그 이유는 신부님의 힘은 신부님의 강한 믿음에서 오기 때문입니다. 저희들은 악마의 힘을 빌어 일하고 있습니다."

ㄷ 라마를 떠나서 테살로니키에 살고 있는 파라사 사람들은 또 다음과 같은 이야기도 하였다. 성 흐리소스토모스 축일 성찬예배 후에 참석한 사람들이 성당 밖에 앉아서 식사를 하고 있었다. 성당 바로 옆에 성수가 있었는데 많은 양의 성수가 바위의 구멍으로부터 쏟아져 나왔다. 이 성수는 폭포처럼 높은 곳에서 떨어져 제만디스 강을 향하여 흘러 갔다. 이 물은 가끔씩 바위 속으로 들어가 없어지곤 하였다. 사람들이 식사를 하고 있는 동안 한 여인이 물을 받으려고 자리에서 일어났다. 그 순간 물이 바위 구멍 속으로 들어가는 것이었다. 그 여인은 하치에펜디스 신부에게 달려가 이 사실을 알렸다. 하치에펜디스 신부는 복음경을 가지고 바위 구멍이 있는 곳으로 갔다. 그가 무릎을

▲ 아르세니오스 성인이 기도를 하면서 성수가 바위에서 다시 나오게 하고 있다.
성 요한 복음사도 수도원 벽화

꿇고 복음경을 읽으며 기도를 하자 물이 다시 나오기 시작하였다.

물이 바위 속에 들어 갔다가 꽤 오랜 시간이 지난 후에 다시 나오는 일이 자주 있었다. 아나스타시오스 레비디스의 견해에 의하면 이것은 자연적인 현상으로서 바다에서 일어나는 밀물과 썰물의 현상과 비슷하다고 말하였다. 그러나 하느님의 종 하치에펜디스 신부는 그의 주인인 하느님께 간청하여 그가 원할 때 기다림 없이 다시 물이 나오도록 하였다.

시메온 카라우소글루의 증언은 다음과 같다. 한 회교도 여인 체르케자가 하치에펜디스 신부로부터 필라흐토를 가져다 달라고 코팔루스에 살고 있는 프로드로모스에게 요청하였다. 그녀는 불임 여성이었으므로 이것 때문에 그녀의 남편은 이혼을 하려고 했다. 프로드로모스는 그녀가 부모도 친척도 없는 고아로서 항상 혼자였기 때문에 그녀를 가엾게 여겼었다. 그는 하던 일을 멈추고서 신부가 살고 있는 마을로 갔다. 그가 마을에 도착했을 때는 이미 날이 저물었으므로 아르세니오스 신부에게 가기를 주저하였다. 그래서 마을의 대표에게 자기 대신 신부에게 가 달라고 부탁하였다. 마을 대표는 신부에게 가서 신부가 기도와 축복으로 적은 종이를 필라흐토로 받았다. 그는 회교도 여인이 부자였다는 것을 알고 있었기 때문에—그녀의 남편이 큰 목축 업자였기 때문에— 탐욕을 부렸다. 마을 대표는 아르세니오스 신부의 축복이 들어있는 접힌 종이를 받아서 본인의 요구사항을 적은 종이에 쌌다. 그는 종이에 가죽, 버터, 고기 등을 보내라고 적었는데 이것은 하치에펜디스 신부가 요청한 것처럼 수법을 쓴 것이었다. 이 탐욕스러운 마을 대표는 이것을 코팔루스 마을에 사는 프로드로모스에게 건네주었다. 프로드로모스는 아무 것도 모른 채 다음 날 회교도 여인에게 필라흐토를 전해 주었다. 프로드로모스의 농장은 이 여인의 농장 옆에 있었다. 그녀는 이 종이들을 펴서 필라흐토는 경건한 마음으로 몸에 간직하였고 다른 종이에 적혀 있던 것은 마련하여 마을 대표에게 보냈다. 그는 이것을 아르세니오스 신부에게 갖다 줄 것처럼 수작을 피웠다. 그 해 회교도 여인은 아이를 낳았다. 회교도 여인은 속 사정을 모른 채 계속해서 대표에게 많은 물건들을 보냈는데 아르세니오스 신부는 이 사실을 모르고 있었다.

두 해가 지난 다음 신부는 이 사실을 알게 되었고 대표를 불러 꾸짖었다. 그러나 이 대표는 용서를 빌기는커녕 안타깝게도 이 사실을 부인하였다. 그 때 아르세니오스 신부가 그에게 말하였다.

"죽어서 지옥에 가는 것보다 살아 있을 때 죗값을 치르고 이 세상을 떠나는 것이 더 좋다네. 그래서 이 순간부터 자네의 몸에 부스럼이 생겨 체르케자로부터 버터와 고기를 받아 먹은 기간만큼 자네의 몸이 가렵게 될 걸세."

정말로 그 순간부터 그의 몸은 부스럼으로 꽉 차게 되었고 그는 너무 가려워 어쩔 줄을 몰랐다. 그는 가려움을 참을 수 없어서 아르세니오스 신부에게 가서 용서를 빌었다. 신부는 그를 용서하였고, 복음경을 읽으며 기도하여 낫게 하였다.

파 나요티스 엔차라피디스는 스무 살이었을 때 짝 사랑하던 한 여성 때문에 미치게 되었다. 그의 광기는 매우 심한 상태였으므로 사람들은 그를 묶을 수도 없었다. 결국 그의 형이 다른 사람들과 함께 그가 잠자는 동안 묶어 하치에펜디스 신부에게 데려 갔다. 신부는 누가 켈리의 문을 두드리자 무엇을 원하는지를 알기 위해 문을 열었다. 문을 열자마자 이 미친 사람은 쇠 사슬에 묶여 있었음에도 불구하고 묶여 있던 손으로 아르세니오스 신부를 치려고 신부에게 달려 들었다. 그 순간 하치에벤니스 신부가 말하였다.

"주 예수 그리스도여! 악마가 바닥으로 떨어지게 하소서!"

이 미친 사람은 곧 털실 타래처럼 몸을 움츠렸다. 그리고 나서 신부가 복음경을 가지고 와서 읽으며 기도하자 미친 사람은 정신이 돌아왔다. 그 후 그는 결혼하여 가정을 갖게 되었다.(위의 것은 드라마 지역에 살고 있는 파라사인들이 이야기 하였다.)

오시아 카라무라티두 여인은 결혼 초기에 여러 색깔이 있는 즈미르니식 머리쓰개를 사용하였다. 아르세니오스 신부는 그 여인에게 사용하던 머리쓰개를 버리고 파라사 여인들이 사용하는 수수한 머리쓰개를 사용하라고 계속 훈계하였다. 그러나 그 여인은 신부의 말에 전혀 귀를 기울이지 않았다. 어느 날 신부가 색깔이 다양한 머리쓰개를 한 것을 보고 엄하게 훈계하였다.

"나는 파라사에서 서양식 유행(그녀가 쓰던 보자기를 의미)에 젖어 있는 사람들을 보고 싶지 않습니다. 당신이 순응하지 않으면 당신이 낳을 아이들은 세례를 받은 후 이 세상을 떠나 천사가 되어 하늘 나라로 갈 것이므로 당신은 자식들에 대하여 기쁨을 느끼지 못할 것이라는 것을 아십시오."

불행하게도 그녀는 신부의 말에 순응하지 않았다. 그러나 그녀의 자식 둘이 이 세상을 떠났을 때 다양한 색깔로 된 머리쓰개를 버리고서 아르세니오스 신부에게 가서 용서를 빌었다. 신부는 그녀를 용서한 후에 다음과 같이 말하였다.

"그리스도의 축복이 당신에게 있기를 바랍니다. 이제 돌아가시오. 당신이 낳을 첫 번째 아이는 사내 아이일텐데 그의 이름을 아르세니오스로 합시다. 그리고 두 번째 아이는 여자 아이로서 그녀의 이름을 이리니(평화)라고 합시다." 그 후에는 정말 신부가 말한 모든 것이 그대로 이루어졌다.

스텔라 코글라니두의 증언은 다음과 같다. 사람들이 파라사에 있는 그녀의 친정에 서른 살이던 벙어리 터어키인을 데리고 갔다. 그녀의 아버지는 신부의 기도로 좋아지기를 바라면서 그 터어키인을 아르세니오스 신부에게 데려 갔다. 하치에펜디스 신부가 그를 위해 복음경을 읽으며 기도를 하자 복음경을 다 읽기도 전에 벙어리가 말을 하기 시작하였다. 그리고 나서 스텔라 코글라니두의 친정 아버지는 말할 수 있게 된 벙어리를 자기의 집으로 데려 갔고 다음 날엔 그의 친척이 데리고 떠났다.

　소티리아 흐리스도포리두의 증언은 다음과 같다. 맹인이고 이름이 메리아마인 한 터어키 여인이 있었는데 사람들이 아르세니오스 신부에게 데려 갔다. 신부는 그녀를 위해 복음경을 읽으면서 기도를 하였고 그녀는 눈을 떠서 이 세상의 빛을 보게 되었다.

　언젠가 세 명의 터어키인들이 신부집에 강도질을 하러 갔다. 왜냐하면 많은 사람들이 아르세니오스 신부집을 찾아 간다는 소문을 들어서 실제로 신부가 손에 돈을 쥐어 본 적이 없었음에도 불구하고 신부가 많은 돈을 가지고 있으리라고 생각하였기 때문이었다. 강도들은 신부가 수요일과 금요일에는 켈리에서 밖으로 나오지 않는다는 것을 알고 있었다. 신부가 수요일에 그의 집에 꼭 있으리라 믿고 그 날 강도질을 하러 갔다. 두 명의 강도들은 밖에 앉아 있었고 다른 한 명은 창문을 통하여 켈리로 들어갔다. 강도는 켈리의 홀을 지나 신부가 있는 방의 문을 연 다음 한 발을 방문 안에 들여 놓았다. 아르세니오스 신부는 그 시간에 저녁 기도를 하고 있었는데 도둑이 한 발을 방에 들여 놓는 순간 소리가 나자 문 쪽을 흘긋 쳐다보았다. 아르세니오스 신부의 눈길에 강한 전류가 흐르기나 하듯이 신부의 눈길은 이 강도를 꼼짝 못하게 만들었다. 강도는 칼과 탄띠로 무장을 한 채 한 발은 방에 두고 다른 한 발은 방 밖에 두고 있었다. 신부는 그를 흘긋 쳐다본 후 동요하지 않고 저녁 기도를 계속하였다.

　그런데 밖에 있던 다른 두 강도는 신부의 켈리에 들어간 강도가 나오지 않고 시간이 많이 지나갔으므로 걱정이 되어 자기들도 켈리 안으로 들어갔다. 그들은 동료 강도가 한 발을 신부의 방 안에 다른 한 발을 밖에 둔 채 꼼짝 못하고 있는 것을 보자 공포에 질렸다. 그들은 신부에게 용서하여 줄 것을 빌면서 동료 강도를 묶은 그 보이지 않는 끈을 풀어 달라고 간청하였다. 신부는 저녁 기도를 멈추지 않고 그들에게 떠나라고 신호를 하였다. 이렇게 해서 끈은 풀어졌고 그들은 도망

쳤다. 이 터어키인 강도들은 자기들이 당한 것을 다른 터어키인들에게 고백하면서 다음과 같이 말하였다. "아-아! 하치에펜디스 신부에게 강도질 하러 가지 마십시오!"(이것은 테살로니키에 살고 있는 파라사인들이 이야기하였다.)

시 메온 카라우소글루는 다음과 같이 이야기하였다. 요아니스 카라우소글루는 성 요르기오스 교외 소성당 멀리에 자기 밭을 가지고 있었다. 그가 밭으로 가던 어느 날에 시체를 발견하였는데 이 시체는 창고의 부서진 벽의 끝 가장자리에 묻혀 있었으며 시체의 일부는 드러나 있었다. 이 시체는 썩지 않은 상태로 있었으며 이 시체의 옷이 매우 구식인 것으로 보아 굉장히 오랫동안 땅에 묻혀 있었던 것 같았다. 겁에 질린 요아니스는 하치에펜디스 신부에게 가서 이 사실을 알렸다. 신부는 곧 그 곳으로 갔으며 다른 파라사 사람들도 따라왔다. 신부는 가까이 다가가서 썩지 않은 시체를 보고는 사람들에게 무덤을 파도록 하였다. 신부는 이 시체를 위해 복음경을 읽으면서 기도를 하였다. 사람들은 무덤을 파서 시체를 다시 매장한 후 그 곳을 떠났다. 돌아 오면서 신부는 같이 갔던 파라사인들에게 말하였다. "걱정하지들 말게. 삼 일 후에 그 시체는 썩게 될 것이네." 정말로 삼 일 후에 사람들이 무덤에 갔을 때 흙은 밑으로 내려가 있었고 무덤은 구덩이처럼 보였다. 시체가 썩어 뼈만 남았기 때문이었다.

모 이시스 코글라니디스의 증언은 다음과 같다. 아흐야부데스에 사는 한 터어키인이 성당의 물건들을 도둑질하였다. 그는 성당에서 사용하는 기물들뿐만 아니라 복음경 겉표지에 둘러 쌓인 은까지도 벗겨낸 다음 그것을 버렸다. 파라사인들은 불안해 하면서 동요하였다. 사람들이 바닥에 떨어진 복음경을 보고는 불손한 이 터어키인 도둑을 찾으려고 안간힘을 썼다. 그러나 아르세니오스 신부는 전혀 걱정하지 않았으며 다른 사람들에게 말하기를 이 도둑은 발을 질

▲ 요르기오스 성인
　성 요한 복음사도 수도원

질 끌며 자진해서 이곳에 올 것이니 걱정하지 말라고 하였다. 며칠 후 사람들은 이 도둑을 기도로 낫게 하려고 신부에게 데려 갔다. 이 도둑은 마귀 들렸을 뿐만 아니라 허리 아래 하반신 전체가 마비가 되어 두 발을 질질 끌고 다녔다. 사람들은 그가 훔쳐갔던 성기물들을 가져 왔고 그는 그 뒤로는 더 이상 도둑질을 할 수가 없었다.

아르세니오스 신부는 그를 얼른 고쳐 주지 않고 한 동안 내버려 두었다. 그 이유는 회교도들이 우리 교회를 존중하도록 좋은 모범을 보여주기 위해서였다. 사실 주위에 사는 모든 회교도들은 겁에 질려 있었다. 바실리오스 카로풀로스가 기억하기로는 아르세니오스 신부가 강제적인 민족 교체로 파라사를 떠나 아흐야부데스를 지나가게 되었을 때 복음경을 읽어 이 도둑으로부터 마귀를 쫓아내고 마비되었던 하반신을 고쳐 주었다.

프로드로모스 에즈네피디스의 증언은 다음과 같다. 한번은 많은 회교도들(체테스)이 파라사로 갔다. 그 때 프로드로모스는 우연하게도 아파서 침대에 누워 있었는데 심한 오한으로 인해 물에 빠진 고양이처럼 와들와들 떨고 있었다. 사람들이 그에게 회교도들이 왔다는 소식을 전했을 때 그는 파라사의 대표로서 입장이 난처하였다. 그는 주위에 있던 사람들에게 자기를 부축하여 하치에펜디스 신부에게 데려가 달라고 말하였다. 사람들은 그가 원하는 대로 하였다. 하치에펜디스 신부가 이런 상태에 빠져 있는 프로드로모스를 보았을 때 그리고 체테스가 왔다는 소식을 들었을 때 프로드로모스를 낫게 하려고 복음경을 손에 쥘 시간적인 여유도 없었다. 지체 없이 성당에서 사용하는 긴 초 심지를 꺼내어 축복한 다음 프로드로모스의 오른손에 묶어 주면서 말하였다. "자네, 그리스도의 은총이 함께 하기를 바라네. 어서 가서 회교도들이 우리 마을에 들어오지 못하도록 그들을 쫓아내게." 신부의 말이 끝나자마자 프로드로모스는 완쾌되었고 그는 마을의 젊은이들을 모아 아무도 다치지 않고 회교도들을 쫓아내었다.

프로드로모스의 증언은 다음과 같다. 또 다시 많은 회교도들(체테스)이 파라사를 쑥밭으로 만들려고 갔다. 그 때 마침 마을 남자들은 먼 곳에 떨어져 있는 농장에 일하러 갔거나 여행 중이었으므로 마을에 없었다.

프로드로모스는 사람들이 많다는 것을 회교도들에게 보여 주기 위해 어린 아이들을 성곽 주위에 모이도록 했다. 그리고 나서 아이들은 숨도록 했다. 그 곳에는 노인들도 몇 명 있었는데 이 노인들까지도 흩어져 숨어버려서 마지막까지 남아 있던 사람은 프로드로모스 단 한 명뿐이었다. 그는 마을에 들어온 체테스를 보는 것보다는 차라리 죽는 것이 더 낫다고 생각하였다. 결국에 그의 총알이 다 떨어지자 회교도들은 그를 사로 잡았다. 회교도들은 그를 꼼짝 못하게 묶어 그의 집으로 데려가서 평평한 지붕 위로 올라 갔다. 거기서 회교도들은 그를 처형할 교수대를 만들었다. 그들은 그가 가지고 있던 모든 것을 빼앗으려고 고문하였으며, 그리고 나서 죽일 계획이었다. 회교도들이 그를 고문하고 있던 그 순간 프로드로모스는 자신도 모르게 입에서 다음과 같은 말이 튀어 나왔다. "나의 모든 것은 하치에펜디스 신부님이 가지고 계십니다."

회교도들은 지체하지 않고 그를 아르세니오스 신부에게 데려 갔다. 신부가 문을 열고 이 기가 막힌 장면을 보았을 때 매우 마음이 아프고 화가 나서 프로드로모스를 묶은 회교도들에게 얼른 풀어 주라고 호령하면서 못된 회교도들이라고 말하였다. 이 말을 들은 회교도들의 두목은 화를 내며 하치에펜디스 신부를 베기 위해 칼을 꺼내어 치켜 올렸다. 하치에펜디스 신부는 이 회교도 두목에게 말히였다.

"이 못된 놈아, 네 손을 어서 밑으로 내려라."

아, 이게 웬 기적이란 말인가! 두목의 손이 자기가 가지고 있던 칼에 찔려 저절로 내려갔으며 칼은 땅으로 떨어졌다. 이 장면을 보고 있던 회교도들은 공포에 질려 벌벌 떨기 시작하였다. 두목은 울면서 신부에게 자기 손을 낫게 해 달라고 간청하였다. 아르세니오스 신부가 두목

▲ 파라사에 있는 갈라스 성벽

의 손에 성호75)를 긋자 손에 있던 상처가 아물었다. 그들이 묶여 있던 프로드로모스를 풀어 주자 신부는 다시 마을에 오지 못하도록 훈계하였다. 정말 그 때부터 그들 중에 아무도 다시는 파라사 땅을 밟지 않았다.

아 네스티스 카라우소글루의 증언은 다음과 같다. 언젠가 사람들이 엔디누데스에 사는 벙어리 터어키 여인을 신부에게 데려 갔다. 그녀는 큰 고민과 걱정에 빠져 우는 바람에 혀가 목 안으로 들어 갔다. 왜냐하면 모르는 사람들이 그녀의 딸을 유괴해 갔는데 이들이 딸을 강간을 했는지 아니면 죽였는지 아무도 몰랐기 때문이었다.

벙어리가 된 어머니는 하치에펜디스 신부의 집 근처에 살고 있던 헤키미스의 집에 머물고 있었다. 사람들은 신부가 이 여인이 머물고 있는 집으로 가서 기도를 하여 낫게 하도록 부탁하였다. 신부는 서둘러 그 곳에 가서 기도를 하였고 이 벙어리 여인은 전과 같이 말하기 시작하였다.

아 네스티스 카라우소글루의 증언은 다음과 같다. 아다나에 살고 있는 큰 공장 주인인 코즈마스 시메오니디스의 아내가 임신을 할 수 없었다. 그는 하치에펜디스 신부에게 그녀의 옷을 보내고 축복해 줄 것을 부탁하였다. 신부는 기도를 하고 옷을 다시 돌려 보냈다.

---

75) 정교회 주보 제06-13호 참조 : 사도 바울로는 멸망할 사람들에게는 십자가의 이치가 한낱 어리석은 생각에 불과하지만 구원받을 우리에게는 곧 하느님의 힘(1고린토 1, 18)이라고 했다. 그리스도인들은 아주 초기부터 성호를 그었다고 전해진다. 성호를 긋는 올바른 방법과 그 의미에 대한 코즈마스 성인의 설명을 요약하면 다음과 같다. 먼저 오른손의 세 손가락(일체인 성삼위를 상징)을 모아 모은 손가락을 이마로 들어올리는 것은 하늘에 계신 성삼위를 찬양함을 의미한다. 그리고 나서 가슴 아래로 손을 내리는 것은 우리 구원을 위해 인간이 되신 그리스도께 감사를 드리는 것을 의미한다. 그리고 나서 오른손을 오른쪽 어깨에 대는 것은 재림시에 의인들이 있는 오른쪽에 세워 주실 것을 빌며, 그리고 나서 다시 손을 왼쪽 어깨에 대는 것은 죄인들이 있는 왼쪽에 서지 않게 해 달라고 간청함을 의미한다.

여인은 이 옷을 입었고 그 해에 아이를 낳았다.

스테파노스 자하로풀로스의 증언은 다음과 같다. 또 한 번은 네 명의 쿠르티스인(거친 터어키 인종)들이 하치에펜디스 신부집에 도둑질을 하러 갔다. 신부는 앉아서 책을 읽고 있었다. 신부는 도둑들이 문을 여는 것을 보았으나 아무 말도 하지 않았다. 이 도둑들은 신부 집에서 많은 돈을 발견할 거라고 믿으면서 여기저기를 찾아 돌아다녔다. 신부는 여전히 아무 말도 하지 않은 채 계속 책 읽는 데 전념하였다. 결국 이 도둑들은 아무 것도 발견하지 못한 채 떠나려고 하였다. 그 때 도둑들 중 한 명이 모퉁이에 있던 신부의 담요 두 장(이것은 신부의 전 재산이었다)을 집었다. 그들은 무슨 일을 당하였을까? 그들이 담요를 들고 떠나려고 했을 때 눈이 먼 것처럼 밖으로 나가는 문을 찾을 수가 없었다. 신부의 방 여기저기를 계속 돌아 다녔지만 문은 보이지 않았다. 그들이 이렇게 아르세니오스 신부의 공부를 계속 방해하자 신부는 그들이 떠날 수 있도록 문이 있는 곳을 가리켰다. 그러나 그들은 문을 찾지 못해서 주위를 계속 빙빙 돌았다. 그 때 신부는 일어서서 한 쿠르티스를 잡고 말하였다.

"뉘우치지 않는 도둑들이 지옥으로 들어가는 문이 여기에 있느니라!"

그제서야 도둑들은 문을 발견하였고 그들이 한 짓들에 대해 후회하면서 용서를 빌었다. 신부가 용서해 주자 그들은 떠났다. 이 도둑들은 자신들이 겪은 이 일을 다른 쿠르티스인들에게 고백하면서 다음과 같이 말하였다. "아-아! 하치에펜디스에게 도둑질하러 가지 마십시오. 그의 켈리에 들어가면 나오는 문을 찾을 수 없습니다."

솔로몬 코스케리디스의 증언은 다음과 같다. 사람들은 집에서 만든 담요에 덮여 있던 장애인 터어키 여인을 하치에펜디스 신부에게 데려 갔다. 신부는 복음경을 읽으며 기도를 하였고 그녀는 곧 걷게 되었다.

아니스 키르칼라스의 증언은 다음과 같다. 한번은 많은 회교도들(체테스)이 파라사에 갔다. 그들은 몰래 마을에서 부자 열두 명을 붙잡아 놓고 인질들의 가족에게 교환 조건으로 오백 리라를 가져 오지 않으면 그들을 사살할 것이라고 연락하였다. 그리고 만일 파라사인들이 자신들을 공격하려고 조금이라도 움직이면 싸우기 전에 먼저 인질들을 살해할 것이라고 위협하였다.

파라사 마을은 혼란에 빠졌고 어른들은 마을의 젊은이들이 체테스들을 공격하지 않도록 진정시키려고 이리저리 뛰어 다녔다. 여인들과 아이들은 유일한 희망인 하치에펜디스 신부에게로 달려 갔다. 많은 회교도들이 파라사 마을을 포위하고 있었다. 사람들은 회교도들의 숫자가 380명 정도라고 말하였다.

아르세니오스 신부가 이 소식을 듣자마자 성당으로 가서 성초함(팡가리)[76]에 있는 돈을 전부 달라고 성당의 운영위원들에게 요청하였다. 돈은 모두 오십 리라였다. 신부는 두 명의 노인들과 이 돈을 가지고 체테스가 있는 곳으로 두목을 찾아갔다. 두목은 신부와 노인들이 오백 리라를 가져 온 줄 알고 반가워했다. 신부는 부목을 노사바사 와들 내면서 다음과 같이 말하였다.

"너는 하느님이 무섭지 않느냐? 너는 부끄럽지도 않느냐? 어렵게 살아가고 있는 이 사람들이 오백 리라나 되는 돈을 어디서 가져올 수 있으며, 돈을 가져오지 않으면 인질들을 사살하겠다니 이게 웬 말이냐?"

신부는 몇 푼 안 되는 교회의 돈이 들어있는 봉지를 바다로 내던지면서 그들에게 말하였다.

"너희들이 수고한 값으로 이것을 받고 당장 우리 사람들을 풀어 주어라. 그렇지 않으면 당장 이 자리에서 너희 모두를 죽여서 돌처럼 만

---

[76] 정교인들은 성당에 들어갈 때 성초함에 성당과 불우한 사람들을 위해 헌금을 한다.

들 것이다."

그리고 나서 신부는 그들에게 덧붙여 말하였다. "너희들을 돌처럼 꼼짝 못하게 만들 것이다." 그러자 모든 회교도들이 있던 장소에 동상처럼 꼼짝 못하고 있었다. 그들이 꼼짝 못하고 있는 동안 신부는 다시 그들에게 말하였다.

"너희들이 인질로 잡은 우리 동네 사람들을 어서 데려오고 이곳을 떠나라." 그제서야 회교도들은 보이지 않는 끈에서 풀려나서 인질이었던 열두 명의 파라사인들을 풀어 주었다. 그들은 동상처럼 꼼짝 못하게 된 것 때문에 공포에 질려 땅 바닥에 떨어져 있는 돈조차 주울 새도 없이 줄행랑을 쳤다. 아르세니오스 신부는 인질로 잡혀 있었던 파라사인들에게 말하였다. "땅에 떨어져 있는 교회의 돈을 주워서 이 곳을 떠납시다." 사람들은 안도의 숨을 쉬면서 기쁜 마음으로 마을로 돌아 갔다.

키 리아코스 세페리디스는 아르세니오스 신부가 집전하는 예배에서 봉독자였는데 다음과 같이 증언하였다. 한번은 텔렐리데스에 사는 어떤 미친 터어키 여인을 아르세니오스 신부에게 데려 갔습니다. 그녀의 이름은 테테비였으며 쇠사슬에 묶여 있었는데 광기가 매우 심하였습니다. 신부님은 복음경을 읽어 악마를 쫓아 냈고 그녀는 제 정신으로 돌아왔습니다.

이 봉독자는 또 다른 한 사건도 증언하였다. 시시에 사는 한 터어키인 장교의 아들이 미치자 사람들이 그를 파라사에 데려 갔다. 그는 하치에펜디스 신부가 복음경을 읽자 제 정신으로 돌아와 양처럼 순하게 앉아 있었다. 그는 제 정신으로 돌아오기 전에는 자기 옷을 찢고 손톱으로 자기 얼굴을 할퀴곤 하였다.

또 한번은 회교도들이 성당에서 사용하는 성기물들을 훔쳐 갔다. 파라사인들은 걱정하며 도둑들을 찾으려고 노력하였다. 그러나 하치에펜디스 신부는 침착하게 말하였다. "걱정하지들 말게. 요르기오스 성인이 없어진 성기물들과 도둑들을 다시 이곳에 데려오는 것을 보게 될 것이라네." 도둑들이 코잔-타기에 도착했을 때는 낮이었는데도 구름 한 점 없는 하늘에 갑자기 이상한 검은 것이 나타나더니 그들 앞을 덮었다. 그들은 앞으로 나아갈 수 없었고 앞에 있던 페라흐틴강을 건널 수도 없었다.(카파도키아의 질레에 살고 있는 안토니오스 스타브리디스 역시 이 이상한 검은 것을 보았다.) 그 때 도둑들은 이 이상한 현상이 하느님으로부터 왔다는 것을 깨달았다. 그들은 할 수 없이 성당의 성기물들을 되돌려 주려고 파라사로 향하였다. 그런데 그들이 파라사를 향해 얼마쯤 갔을 때 이 검은 것이 사라졌다. 그래서 도둑들은 그것을 다시 우연한 사건으로 생각하여 자신들의 마을인 코잔-타기를 향해 많은 짐을 실은 나귀들을 몰고 돌아갔다. 그러나 그들이 마을을 향해 가는 동안 누군가[77]가 자기들을 때리는 것을 느꼈고 자기들을 파라사까지 데려간다고 느꼈다. 도둑들은 훔친 성기물들을 가지고 파라사에 도착하였다. 도둑들은 머리를 막대기로 얻어맞는 것 같아서 손으로 머리를 감싸고 있었기 때문에 아무 것도 알 수 없었다. 그래서 도둑들은 훔쳐 갔던 성기물들을 빨리 나귀에서 내리고 갈 수 있도록 파라사인들을 불렀다.

아네스티스 카라우소글루의 증언은 다음과 같다. 회교도들이 아르메니아인들을 학살했을 때(1915년), 삼백 여명이나 되는 회교도들이 파라사를 강탈하고 파라사인들을 학살하기 위해 파라사로 가고 있었다. 하치에펜디스 신부는 여인들과 아이들을 모아서 성모 마리아 성당에 가서 함께 기도하였다. 이 난폭한 회교도들은 흐리소스토모스 성인이 허락하지 않았으므로 마을에 들어 갈 수 없었다. 이 성인은

---

77) 요르기오스 성인

회교도들이 지나가야 하는 다리 위에 나타나서 손을 펼쳐 방해하였다. (시내의 협곡 위에 흐리소스토모스 성인의 소성당이 있었다.) 회교도들은 제만디스강에 있는 다리를 건너지 못하도록 쫓아 내는 성인을 보았을 때 겁에 질려 걸음아 나 살려라 하고 줄행랑을 쳤다.

두목이 자기들을 방해하는 성인을 보았을 때 일당들에게 이렇게 말하였다. "어서 서둘러 떠나자. 흐리소스토모스 성인이 우리가 다리를 건널 수 있도록 내버려두지 않는다."

아르세니오스 신부가 다섯 번째로 성지 순례를 갔을 때 소피아라고 하는 여인이 창문을 통해서 신부의 켈리로 들어 갔다. 그녀는 그곳에 물건을 훔치러 간 것이 아니라 신부에게 복수를 하려고 갔는데, 그 이유는 전에 행실이 좋지 않다고 신부가 그녀를 엄하게 훈계하였기 때문이었다. 함께 온 남편은 밖에 앉아 있었고 그녀는 안으로 들어가서 그곳에 있는 것을 모두 흩뜨려 놓았다. 신부의 켈리에 있던 모든 물건들, 십자가들, 성경책들을 내팽개쳤던 것이다. 사람들은 그 여자가 성화 앞에서 기도하면서 무릎을 꿇을 때 사용하는 가죽 위에다 대변까지 보았다고 말하였다.

아르세니오스 신부가 성지 순례로부터 돌아와 이 광경을 보고는 이 여인에 대하여 매우 가슴이 아팠다. 신부는 그녀에게 여러 번 자신을 찾아오라고 했지만 그녀는 코방귀만 뀌었다. 결국 마을의 회장이 그녀를 데리고 하치에펜디스 신부에게 갔다. 신부는 그녀를 보자 다음과 같이 말하였다.

"네가 한 이 짓이 무엇이란 말이냐? 아무리 불손한 회교도라 할지라도 성경책들과 십자가들을 이렇게 내팽개치지는 않았을 것이다."

그러나 불행하게도 소피아는 자기 잘못을 뉘우치고 용서를 빌기는커녕 뻔뻔스럽게도 아르세니오스 신부에게 욕을 퍼부었다. 그 때 신부는 그녀에게 말하였다.

"그런 두뇌를 갖고 사는 것보다 천국에 가기 위해서 차라리 두뇌가 없는 게 더 좋겠다. 그래서 나는 그리스도께 요청하여 너의 두뇌를 가져 가시게 할 것이다. 이 방법으로라도 네가 죽어서 미친 사람으로 여겨진다면 너의 영혼만은 구원을 받을 것이다."

정말 그 순간부터 소피아는 두뇌가 없어져 사나운 짐승 같았던 그녀가 나쁜 것은 조금도 모르는 아기처럼 되어 순진한 미소를 짓는 것이었다. 그녀는 아르세니오스 신부가 강제적인 민족 교체로 파라사를 떠나 그리스로 갔을 때 함께 따라가 그곳에서 꽤 오랫동안 살았다.

모든 파라사인들은 이 사건을 알고 있었는데 그 중 몇 명은 아르세니오스 신부가 그녀에 대해 저주를 한 것으로 생각하여 신부를 오해하였다. 그러나 그 당시 파라사 회장이 나에게 말하고 다른 사람들과 나 역시 동의하기로는 신부는 그녀에 대해 저주를 한 것이 아니라 그 방법으로 그녀를 축복하여 그녀가 죽어서 천국으로 가기를 바랐던 것이다. 왜냐하면 천국은 오직 양들만이 들어갈 수 있는 곳이며 야생 염소들은 들어갈 수 없기 때문이다. 신중한 파라사인들은 하치에펜디스 신부가 이 방법을 사용하여 그녀를 구원했다고 생각하고 있다.

아말리아 엘레프테리아두(지금은 여호아의 증인이 되었음에도 불구하고)의 증인은 다음과 같다. 그녀가 기억하기로 그녀가 여덟 살이었을 때 물방앗간으로 가고 있었는데 여덟 명의 사람들이 텔렐리데스 마을에서 아가도코스 아내를 하치에펜디스 신부에게 데려가는 것을 보았다. 아가도코스의 아내가 마귀에 들려 있었던 것이다. 아르세니오스 신부는 복음경을 읽으며 기도하였다. 마귀는 그녀로부터 떠나갔고 그녀는 순한 양과 같이 되었다. 마귀에 들렸던 여인의 아버지는 기쁨에 넘쳐 신부에게 다음과 같이 말하였다.

"나의 자식을 고쳐 주셨으니 내 모든 재산을 받으십시오."

하치에펜디스 신부는 그에게 대답하였다.

"우리들의 믿음은 사거나 팔 수 있는 것이 아닐세. 자네의 재산은 자네의 것일세. 그러니 자네가 혼자 좋은 일을 하고 싶으면 다리를 만들거나 물 때문에 고생하는 사람들을 위해 물이 없는 곳에 물을 끌어 올 수 있게 하게나."

그 후 그녀의 남편 아가도코스는 석회로 된 다리를 만들었다.

바실리오스 카로풀로스의 증언은 다음과 같다. 사람들이 한 터어키인을 하치에펜디스 신부에게 데려간 적이 있었다. 왜냐하면 이 터어키인의 머리가 오른쪽으로 돌아가 움직이지 않았기 때문이다. 이 터어키인은 강도들의 두목이었으며 매우 잔인했다. 그에게 이와 같은 일이 생기게 된 것은 아마도 하느님의 뜻인 것 같았다. 왜냐하면 이 일이 있고 나서 그는 도둑질과 범죄행각을 멈추었기 때문이다.

그는 이 병을 고치려고 이 의사 저 의사에게 돌아 다녀 보았지만 아무런 효과가 없었다. 그는 하는 수 없이 하치에펜디스 신부에게 갔고 신부는 그에게 복음경을 읽어 주어 머리가 제 자리로 돌아오도록 하였다. 그리고 나서 신부는 그의 좋지 않은 생활에 대해 훈계하였고, 그의 가족 모두가 사나운 짐승들과 다름없었기 때문에 그들에게 규칙을 부여하여 지키도록 하였다.

또 바실리오스 카로풀로스의 증언은 다음과 같다. 텔렐리데스에 살고 있는 안차라고 하는 여인이 문둥병에 걸리자 사람들은 그녀를 하치에펜디스 신부에게 데려 갔다. 신부가 복음경을 읽자 곧 그녀의 병이 깨끗이 나았다.

가 브리일 코르치노글루-아르세니오스 신부가 진행하는 예배에서 두 번째 봉독자-는 다음과 같이 증언하였다. 한번은 하치에펜디스 신부님 그리고 프로드로모스 삼촌과 함께 성찬 예배를 위해 성 흐리소스토모스 성당에 갔습니다. 하치에펜디스 신부님이 성찬 예배 준비(신부가 예복을 입고 있는 동안)를 하고 계신 동안 저는 성수를 가지러 갔습니다. 그런데 성수가 있는 곳에 도착해서 보니 물이 바위

안으로 들어가고 있는 것이었습니다. 저는 하치에펜디스 신부님께 달려 갔습니다. 신부님은 성수가 있는 곳으로 가시기 위해 겨드랑이에 작은 책자를 끼고 걸으시면서 두 손으로 예복의 소매에 끈을 감으셨습니다. 신부님이 그 곳에 도착하시어 바위 앞에서 복음경을 읽으시자마자 물이 콸콸 쏟아져 나오기 시작하였습니다. 우리는 성수를 받아서 성찬 예배를 드리러 갔습니다.

하치에펜디스 신부는 오래 전부터 우리들은 그리스에 가게 될 것이며 자신은 그 곳에서 단지 사십 일간을 살 것이라고 말하곤 하였다고 아말리아 엘레프테리아두(지금은 여호와의 증인)는 말하였다. 어떤 파라사인이 이 말을 들었을 때 다음과 같이 물었다.

"신부님은 도대체 누구시길래 이런 것들을 알고 계시단 말입니까? 신부님은 하느님입니까?"

하치에펜디스 신부님은 그 때 대답하셨습니다.

"나는 하느님의 충실한 종이라서 알고 있다네."

시메온 카라우소글루의 증언은 다음과 같다. 언젠가 한 회교도 도둑 두목이 파라사에 가서 부활절 성찬 예배가 진행되고 있던 시간에 성당으로 들어갔다. 하치에펜디스 신부가 무장을 한 이 뻔뻔스러운 회교도를 보자마자 빨리 밖으로 나가라고 경고하였다. 그러나 도둑 두목은 이 말을 무시해 버렸다. 신부 역시 더 이상 그에게 아무 것도 말하지 않고 성찬 예배를 집전하였다. 그렇지만 신부가 대입당78)을 하려고 지성소 밖으로 나왔을 때 이 회교도는 성당 밖으로 나

---

78) 《성찬 예배식》, 한국 정교회, p. 56 : 사제와 보제는 대입당 할 때, 성스러운 빵과 성스러운 포도주를 모시고 들어온다. 촛불을 든 복사와 향불을 든 복사를 앞세우고 조심스럽게 신도들 앞을 지나간다. 대입당이 있는 그 순간 우리 주님께 '주님의 나라에서 저를 기억해 주소서' 하고 외쳤던 강도의 말을 기억하게 되며, 이 말을 우리 마음 속으로 반복한다. 대입당이란 우리 주님께서 골고다로 향해 가시는 것을 나타낸다. 성찬 예배식은 이 때 우리에게 골고다로 향하는 주님을 따라갈 수 있는 가능성을 제시해 준

가지 못하고 그 자리에서 떨기 시작하였다. 이 회교도는 자신이 보이지 않는 끈에 묶여 있는 것처럼 느꼈다. 아르세니오스 신부가 바닥을 밟지 않고 공중에서 걷는 것을 이 회교도가 보았을 때 위와 같은 일이 벌어진 것이다. 신부가 다시 지성소로 들어갔고, 그리고 나서 신부는 그에게 나가라고 신호를 보냈다. 그 때 그는 끈으로부터 풀려난 것처럼 느꼈으며 떨면서 성당 밖으로 나와 땅 한 구석에 죽은 사람처럼 쓰러져 있었다.

성찬 예배가 끝나고 사람들은 집으로 돌아 갔다. 성당 운영 위원이 구석에 쓰러져 있는 도둑 두목을 보고 하치에펜디스 신부에게 말하였다.

"신부님, 저를 축복하여 주십시오. 저 사람이 죽은 것처럼 땅에 쓰러져 있습니다."

신부는 그에게 말하였다.

"그런가."

신부가 성소 안에서 모든 것을 정리하고 떠나면서 회교도에게 가서 그를 일으켰다. 그제야 그는 설 수 있었다. 신부는 그를 엄하게 훈계한 뒤 운영위원에게 말하였다.

"오늘은 부활절이니 이 사람에게 오 피아스터[79]를 주게나."

원상태대로 돌아온 그는 공포에 질려 그 곳을 떠났고 그리고 마을을 포위하고 있던 모든 회교도들(체테스)을 불러 모았다. 그런 다음 겁에 질린 두목과 체테스들은 전부 파라사를 떠났다.

아르세니오스 신부는 여러 번 성지 순례를 하였다. 우리가 알고 있는 것만도 다섯 번이나 된다. 세 번째 성지 순례를 갔을 때 부활(아나스타시) 성당[80]에서 한 사건이 일어났다. 이것은 신부와 같이

다. 주님께서는 우리를 구원하기 위해 자기 자신을 봉헌의 제물로 드린 것이다.
[79] 터어키 화폐 단위
[80] 아나스타시($A\nu άσ τ α σ η$)는 '부활'을 의미함. 137년 하드리아누스 황제는 그리스도의 무덤을 흙으로 덮고서 그리스도교인 순례자들을 방해하기 위

성지 순례를 갔던 파라사 사람들에 의해 전해진 것이다.

성찬 예배 시간에 하치에펜디스 신부님 역시 다른 신부들 그리고 주교들과 성찬 예배를 집전하고 계셨는데 그 때 하치에펜디스 신부님의 얼굴이 환하게 빛나고 있었습니다. 다른 신부들은 우리들(성지 순례를 같이 갔던 파라사인들)에게 하치에펜디스 신부님의 삶에 대하여 말해 달라고 부탁하였습니다.

나[81])는 코니차에서 프로드로모스 노인과 그리고 파라사 출신의 다른 노인들로부터 이 사건에 대해 들은 적이 있다. 그러나 파라사에서 그렇게 많은 사건들이 있었는데도 나는 오래 전에 있었던 사건들에 대해서는 관심이 없었다.

1971년에 네오스키티에 있는 요시프 수도사와 이야기를 나누던 도중에 이 사건에 대하여 우연히 들었다. 이 신부는 요아킴 스페치에리스가 쓴 책 성체 성혈 성사에 대하여를 읽은 적이 있었다. 이 책의 저자 요아킴 스페치에리스 신부 역시 하치에펜디스 신부와 함께 성찬 예배를 진행했다고 적고 있다. 나는 이 책의 사본을 읽고 아르세니오스 신부와 성지 순례에 참여했던 그 성지 순례자들이 살아 있는지 알아보려고 수소문하였다. 나는 신부가 다음과 같은 상례를 가지고 있다고 추측하였다. 즉 아르세니오스 신부는 십 년마다 성지 순례를 갔다. 신부가 사제 서품을 받은 후(1870년경) 첫 번째 성지 순례를 간 것으로 보아 위에 열거한 성지 순례(성찬 예배에서 신부의 얼굴이 빛난)는 세 번째 성지 순례로서 1890년경이어야만 하였다. 이 사건은 나이 많은 파라사인들뿐만 아니라 드라마의 호리스티에 살고 있는 모이시스 코글라니디스, 바실리오스 카르풀로스 그리고 드라마의 페트루사에 살고 있는 아네스티스 카라우소글루 등 그 당시에 젊었던 파라사 출신 사람

해 무덤 위에 비너스 여신의 신전을 만들었다. 콘스탄티노스 대제는 비너스 신전을 파괴한 후 그곳에 성당을 지었다.(326-335) 페르시아의 침입, 이집트인의 성당 파괴, 아르메니아인들에 의한 화재 등 수 많은 역경을 겪었다. 해마다 그리스에서 부활절에 쓰이는 불을 이 성당에서 가져 온다.

81) 저자인 파이시오스 수도사

들 사이에는 역시 잘 알려진 사건이었다.

아르세니오스 신부의 기적들에 대한 이야기는 아래에 언급하는 인용문에서 역시 알 수 있으며, 이 인용문 속에 하치에펜디스 신부의 영적인 향기가 퍼지고 있다는 사실을 우리는 감지할 수 있다.

1937년 아테네 로디스 출판사에서 출판한 요아힘 스페치에리스 신부가 쓴 책 성체 성혈 성사에 대하여 다음과 같이 적혀있다.

예루살렘에 있는 아나스타시 성당에서 일요일 성찬 예배의 집전자는 니코디모스 대주교, 여섯 명의 주교, 열두 명의 보제 그리고 사십 명이 넘는 사제들이었다. 사제들 중 많은 이들이 러시아나 다른 곳으로부터 성지 순례를 하러 왔다가 성찬 예배의 집전자로 참석하게 되었다. 나 역시 성찬 예배의 집전자로 참여하고 있었다. 대입당 후 대주교는 기도문을 읽고 봉헌된 거룩한 예물을 축성하고 있었는데 성찬 예배를 진행하던 사제들 중 한 사람의 얼굴이 환하게 빛나고 있었다. 이것은 나에게 큰 감명을 주었다. 이 사제의 연세는 일흔 살 정도 된 것 같아 보였다. 나는 다음과 같이 말하면서 다른 사제들에게 물었다. "이 사제는 어디에서 왔는가?" 사제들은 내게 대답하였다. "성지 순례자로서 카파도키아에서 왔습니다." 성찬 예배 후에 나는 질문하였다. "이 사제가 있는 그 곳으로부터 다른 사람들도 왔습니까?" "네, 이 사제와 함께 다른 사람들도 성지 순례를 하러 이 곳에 왔습니다." "보제님! 미안하지만 이 사제와 함께 성지 순례하러 온 사람들 중에 한두 명만 불러 주게나." 보제가 소리치자 세 명이 왔습니다. 나는 그들에게 물었습니다. "여러분들은 오늘 성찬 예배를 진행한 사제와 같은 곳에 살고 있습니까?" "그렇습니다. 우리는 이 신부님과 같은 곳에서 왔으며, 이 신부님은 우리들의 신부님입니다."라고 대답하였습니다. 나는 다시 그들에게 물었습니다. "그는 어떻게 행동합니까? 좋은 사제입니까?" 그들은 나에게 대답하였습니다. "우리들의 신부님은 성인이십니다. 이 분은 기적을 일으키십니다. 신부님이 병자를 위해 기도를 하시면 병자는 완쾌됩니다. 우리들뿐만 아니라 회교도들 역시 우리들의 아르세니오스 신부님을 성인으로 알고 있습니다. 왜냐하면 회교도들에게까지 기적을 일으키며 회교도인 병자들을 고쳐주시기 때문입니다."

영적인 법률이 하느님의 은총에 의해 인간의 경지를 벗어난 사람인 아르세니오스 신부에게 적용 되었다. 그는 소리 없이 초야에 묻혀 살았음에도 불구하고 이 세상의 영광을 안고 떠났다.

하느님의 은총은 아르세니오스 신부를 돋보이게 하였다.

여기까지 나는 카파도키아에 살았던 시절의 아르세니오스 신부의 생애와 그가 일으킨 기적들에 대하여 언급하였다. 나는 아르세니오스 성인의 더 큰 활동은 이제 시작된다고 하는 생각이 든다. 신부는 그리스에 있는 거룩한 케르키라 섬[82]의 축복 받은 흙에서 영면하였으며 매우 피곤해 하던 신부의 성 유해는 잠시 휴식을 취하고 나서 활동을 시작하였다고 본다.

위에서 언급한 것처럼 1970년부터 아르세니오스 신부는 이미 사람들 앞에 나타났으며 계속하여 기적을 일으키고 있다. 오늘날까지 많은 사람들이 믿음과 경건함으로 아르세니오스 성인에게 호소하여 여러 가지 병을 고쳤다. 나는 병을 고친 사람들이 하느님의 은총을 통해 아르세니오스 성인이 베푼 기적에 감사하기 위해 고백하는 것을 제외하고는 이 기적들에 대해 언급하지 않는다. 하느님의 은총은 물이 줄어들어 없어지는 물탱크가 아니라 물이 영원히 끊이지 않는 샘인 것이다.

나는 신부가 이 세상에 살아 있었을 때보다 지금 더 많이 사람들을 돕는다고 믿는다. 신부는 이제 하느님의 자식으로서 하늘에 계신 아버지 곁에 있기 때문이다. 그가 이 세상에 있을 때 용기를 가지고 원하는 것을 요청하면 하느님께서 들어 주셨으므로 신부는 하느님의 충만한 은총을 받아 병으로 고통 받고 시달리는 사람들을 돕기 위해 곧 찾아가서 각자의 병에 대해 적당한 치료를 할 수 있을 것이다.

그가 그리스도를 향한 사랑 때문에 끝 없는 사랑으로 자신을 낮추면서 이 세상에서 했던 영적인 투쟁과 수도는 그로 하여금 인간의 본성

---

[82] 12월 12일이 축일인 스피리돈 성인의 성 유해가 이 섬에 있기 때문에, 저자는 '거룩한 케르키라 섬'이라고 표현하였다.

을 초월한 영적인 진보를 하게 하였다. 그래서 그는 이제 하늘 나라에서 천사처럼 날아다니면서 고통과 시련에 시달리는 사람들을 도와 주면서 마음의 평온을 느끼고 또한 남을 돕는 데서 오는 기쁨을 느낄 것이다. 그리고 그가 하는 일들은 하느님의 이름을 더 영광되게 하고 도움을 받은 사람들로 하여금 하느님을 더욱더 찬양하게 만들 것이다.

지금 하치에펜디스 신부(아르세니오스 성인)는 환자들을 위해 기도를 하고 병을 치료하기 위해서 더 이상 발로 뛰어 다닐 필요도, 숨 가쁘게 다닐 일도 없다. 왜냐하면 그는 천사처럼 이 세상 끝에서 다른 끝으로 편안한 마음으로 날아 다님으로써 경건하게 그에게 호소하는 모든 사람들에게 지체하지 않고 달려갈 수 있기 때문이다.

아르세니오스(하치에펜디스) 신부는 정교의 삶으로 정교를 올바르게 전달하였다.

하느님을 향한 불타는 사랑 때문에 그의 영적인 투쟁은 그의 몸을 녹였으며 하느님의 은총으로써 사람들의 마음을 바꾸어 놓았다.

그는 강한 믿음으로 그리스도교인과 그리스도교인이 아닌 사람들 모두의 병을 고쳐 주었다.

말을 적게 함과 동시에 많은 기적들을 일으켰다.

오랫동안 살면서 많은 것을 감추었다.

그는 단단한 껍질 속에 달콤한 영적 열매를 감추었다.

본인 자신에게 매우 엄격하였으나 다른 사람들에게는 매우 인자한 아버지였다. 그는 사람들을 법으로 다스리지 않았으며 선과 덕으로, 그리고 법을 참조하여 사람들을 대하였다.

그는 혼자 성찬 예배를 집전하였을 때는 땅을 밟지 않았으며[83] 다른 사제들과 성찬 예배를 집전하였을 때는 모든 사람들 앞에서 얼굴이 빛났다[84].

그는 거룩한 삶을 살면서

하느님의 이름을 찬양하였으므로

하느님은 영원히 하느님께 속하는 하늘의 영광을 그에게 주셨다.

아멘

---

[83] 아르세니오스 신부가 대입당을 하려고 지성소 밖으로 나와 바닥을 밟지 않고 공중에서 걸은 것.
[84] 위에서 언급한 부활 성당에서 대입당 후 대주교는 기도문을 읽고 봉헌된 거룩한 예물을 축성하고 있었는데, 성찬 예배식을 진행하던 사제들 중 한 사람의 얼굴이 환하게 빛나고 있었던 것을 말한다.

아르세니오스 신부의 생애에는 위에서 언급한 바와 같이 그리스도의 은총으로 일으킨 기적들이 끝이 없다. 파라사인들을 방문하는 사람들은 아르세니오스 신부에 대해 적기 위해서 새 공책이 필요할 것이다. 이런 이유로 해서 나는 그 중에서 중요한 것만을 쓰기로 한정하였다. 그러나 아르세니오스 성인에게 있었던 다른 서너 가지의 사건들은 내가 쓴 것과는 다른 것들이므로 이것들도 보충하여 언급하는 것이 좋을 것이라고 생각한다.85) 이것들은 어려운 시대에 살고 있는 우리들에게 도움이 될 것으로 믿는다.

한 파라사 출신의 여인이 야니차에 정착하여 살고 있었는데 그녀의 이름은 아가티였고 나이는 아흔 살이었다. 야니차에 살고 있는 독실한 사람들이 카세트 테이프에 그녀의 목소리를 담아 이 얘기를 내게 보내주었다. 물론 나는 그 뒤 1982년에 그녀를 방문하였다. 이 방문은 내가 어렸을 때 듣곤 하였던 것들 중에 많은 것을 기억나게 하는 계기가 되었다. 나는 또한 다른 진지한 노인들도 만나 그들과 대화를 나누면서 그들이 하는 말을 기록했다.

언젠가 아르세니오스 신부가 마을 사람들과 함께 미카엘 천사86) 교외 소성당에 예배를 드리기 위해 갔다. 이 교외 소성

---

85) 아래에 열거하는 4가지 기적들은 저자가 1987년 보충하였다.
86) 11월 8일이 축일이다. ≪정교회 기초 교리≫, 한국 정교회, 1978, p. 44-51 : 하느님께서는 보이는 것과 보이지 않는 것을 다 창조하셨다. 보이지 않는 것 중에는 물론 천사들도 포함되어 있다. 하느님은 이세상을 창조하시기 이전에 이미 천사들을 만드신 것이다. 천사들은 영적인 존재이므로 우리 눈에 보이지 않는다. 그러나 천사들은 사람의 눈에 보이게 하기 위하여

당은 그들의 마을로부터 한 시간 반 정도 떨어진 곳에 있었다. 그 근처에는 많은 파라사인들이 과수원과 농장을 가지고 있었으며 여름에 농산물을 거둘 때까지 그 곳에 머물렀다. 신부가 성찬 예배를 마치고 손에 들고 있던 성수를 과수원에 뿌리기 시작하였다. 신부를 따라가는 사람들도 있었고 성당 밖에 있는 나무 그늘에 앉아 있는 사람들도 있었다. 이 나무에는 잎사귀보다도 고통에 시달리는 사람들이 가지에 걸어 매어 놓은 실 가닥들이 더 많았다. 그 곳 과수원에 머물고 있던 사람들은 몸이 아플 때 거리가 먼 파라사에 있는 하치에펜디스 신부에게 가는 것이 쉽지 않았다. 그렇다고 이 소성당이 항상 열려 있는 것도 아니었다. 미카엘 천사 교외 소성당은 개인 것이었으며 회교도들이 더럽히지 못하도록 잠가 놓았기 때문이다. 그래서 사람들은 기도하러 미카엘 천사 교외 소성당으로 가도 성당 안으로 들어갈 수 없었으므로 아픈 곳이 닿은 부위의 옷에서 실 가닥을 뽑아 성당 밖에 있는 나무에 매거나 또는 누더기를 나무에 매면서 그들은 다음과 같이 기도를 하였다. "성인이여! 아픈 곳을 낮게 하여 주십시오. 당신은 성인이기 때문에 하실 수 있습니다." 그러면 곧 미카엘 천사가 이 믿음이 있는 환자들을 고쳐주는 것이었다.

성찬 예배를 마치고 밖에 나와 이 나무 그늘 아래 앉아 있던 사람들 중에는 파라사에 살았던 부자가 있었다. 이 사람은 파라사를 떠나 바툼에 살고 있었으며 많은 세월이 흐른 후에 고향을 방문하게 되었다. 그가 고향을 떠난 뒤 많은 세월이 흘렀으므로 세월이 흐른 만큼 불행하게도 하느님으로부터 멀어져 있었다. 그는 그리스도와 우리들의 교회에 대하여 뻔뻔스럽게 말하고 있었다. 그는 어리석은 이론을 가지고

인간의 육체로 변하는 능력도 가지고 있다. 천사가 육신의 몸으로 나타나는 것은 단지 사람들의 눈에 보이기 위한 것으로 세상의 물리적 법칙에 제한을 받지 않는다. 아홉 개의 천사단 중에는 헤루빔, 세라핌 천사장단이 있다. 천사 중에 미카엘, 가브리엘, 라파엘의 이름이 성경에 나와 있다. 하느님께서 천사를 만드신 목적은 천사들을 하느님의 영원한 복락에 참여시키기 위하여 만들어진 것이다. 천사들은 하느님과 인간의 중간에 위치하여 하느님을 믿는 모든 사람들의 보호자가 되어 주신다.

순진한 고향 사람들에게 해를 끼치는 것이었다. 그는 한 청년에게 위에서 말한 그 나무를 자르라고 말하였다. 그러면서 고향 사람들에 대하여는 정신적으로 결함이 있다는 등의 말을 계속하였다. 이 청년은 지체 없이 나무를 자르기 시작하였는데 다른 사람들이 이것을 막았다.

그 사이에 아르세니오스 신부가 성수를 뿌리고 돌아왔다. 신부는 이 무신론자가 신앙 있는 사람들에게 해를 끼친 것에 대하여 매우 유감스럽게 생각하였다. 그래서 신부는 그에게 호통을 치며 엄하게 말하였다. "아나스타시오스! 나는 자네가 살고 있는 그 곳으로 자네를 돌려 보낼 것이네." 신부는 사람들로부터 떨어진 곳으로 가서 기도를 하기 시작하였다. 갑자기 강한 회오리 바람이 불더니 아나스타시오스를 휘감고서 사라지는 것이었다. 그의 친척들은 걱정과 불안에 빠졌다. 그러나 아르세니오스 신부는 그들을 안정시키면서 다음과 같이 말하였다. "걱정들 하지 마십시오. 아나스타시오스는 그의 가게에 잘 있습니다."

그 때부터 많은 세월이 흘렀다. 아나스타시오스는 고향 사람들과 다시 재회하는 것이 부끄러워서 아무도 만나지 않았고 따라서 그에 대한 소식을 아는 사람이 없었다. 언젠가 두 명의 파라사인들이 토카티(세바스티아 근처에 있는)를 지나면서 아나스타시오스 바르토풀로스라고 쓰여진 신뢴이 달려 있는 가게를 보았다. 그들은 그것을 보고는 갑자기 어안이 벙벙해졌다. 그들은 하치에펜디스 신부의 말이 기억났던 것이다.

이 일이 있은 후, 아나스타시오스 바르토풀로스의 조카 파나요티스는 파라사가 그리워져 그의 고향 사람들의 뒤를 따라 파라사를 방문하였다. 그러나 불행하게도 그 역시 삼촌으로부터 영향을 받아 하느님을 믿지 않았다. 파나요티스 역시 무신론자의 이론을 가지고 사람들에게 해를 끼치기 시작하였다. 언젠가 아르세니오스 신부가 메소호리를 지나고 있는데 신부의 축복을 받으려고 모든 사람들이 경건하게 일어섰다. 그 때 그는 일어나지 않았을뿐만 아니라 할망구들처럼 신부들 뒤꽁무니를 쫓아 다닌다고 하며 다른 사람들을 빈정거리면서 비웃었다. 신부는 쓰라린 마음으로 주위를 흘끗 보고는 파나요티스 영혼의 유익을 위해 하느님이 손을 써 주시도록 기도하였다. 잠시 후 파나요티스는 땅 위에서 데굴데굴 구르기 시작하였다. 동네 사람들은 처음에는 그가 왜 그러는지 알 수 없었다. 그들은 파나요티스가 경건하게 몸을 구부리고 기도하는 사람들을 비웃는 줄로 생각하고 그에게 말하였다. "파나요티스! 어서 일어나라. 네 옷을 더럽히면서 어린 아이처럼 하고 있는 철없는 이 행동이 도대체 무엇이란 말이냐?" 그러나 사람들은 그의 불경한 행실 때문에 하느님의 은총이 떠나가서 그가 마귀에 걸린 것을 깨닫게 되었다. 사람들은 곧 하치에펜디스 신부에게 달려가 이 사실을 알렸고 신부는 그들에게 말하였다.

"파나요티스가 자네들에게 상처를 내지 못하도록 내가 기도를 할 터이니 그의 옷을 나에게 갖다 주게나. 이제부터 그는 반 미친 사람이 될 것이고 다른 사람들에게 해를 끼치거나 못된 짓을 하지 못할 것이라는 것을 알고 있게나. 언젠가 그는 그의 밭을 갈러 갈 것이며 더 많은 밭을 갈기 위해 거기서 잠을 잘 것이네. 그 날 밤 체테스들이 거기를 지나면서 그를 죽일 것이야."

정말 이 일이 있은 지 몇 년 후에 신부가 말한 대로 그는 체테스들에게 살해되었다.

언젠가 한 파라사 여인이 실의에 빠져 신부에게 갔다. 그녀는 결혼한 지 몇 년 후 남편이 죽었다. 그래서 그녀는 살고 있던 마을과 동네 사람들을 보고 싶지 않았다. 그녀는 풀을 먹으며 동굴에 살면서 남편의 죽음에 함께하고 있었다. 그녀는 남편이 사망하고 삼 년쯤 뒤에 아르세니오스 신부를 방문하였다. 그녀가 겪은 고생 때문에 아무도 그녀를 알아 볼 수 없었다. 그녀는 신부에게 말하였다.

"하치에펜디스 신부님! 저를 축복하여 주세요. 신부님께서는 이 세상을 마음대로 하실 수 있으시니 저의 바실라키스를 데려다 주세요. 나의 남편 바실라키스를 데려오실 수 없으세요? 그렇게 해 주실 수 있으세요?"

신부는 그녀에게 대답하였다.

"쯔쯔쯔! 가엽게도 남편의 죽음 때문에 굉장히 어려운 시간을 보냈군. 원한다면 다시 결혼할 수 있도록 축복을 해 주겠네."

그녀는 말하였다.

"아니에요. 나는 바실라키스를 보기를 원해요. 신부님! 제가 자살한다 해도 신부님은 가슴아파하지 않으시겠지요?"

아르세니오스 신부는 쓰라리고 침통한 마음으로 그녀에게 당부하였다.

"자살은 하지 마십시오.87) 그것은 당신의 영혼을 악마에게 주게 되는 겁니다."

그러나 그녀는 흥분하여 같은 말을 계속하였다. 신부는 그녀를 안정시키고 나서 그녀에게 머물던 동굴로 다시 가라고 하였다. 그러면 거기에 바실라키스가 그녀 앞에 나타날 것이고 그를 보면 그와 화해하라고 말하였다. 신부는 아픈 마음으로 계속 기도를 하였다.

그녀가 동굴에 도착하자마자 그녀의 환영 속에 바실라키스가 나타나 그녀에게 말하였다. "고약한 년! 네가 여기 왔냐? 나는 누가 너를 이곳에 보냈는지 알고 있다. 하치에펜디스 신부님이지. 하느님께서는 하치에펜디스 신부님이 간청하는 것은 모두 들어 주시므로 신부님은 용기를 믿고 하느님께 간청합니다." 그 때 그녀는 후회하면서 그에게 용서를 빌었다. 바실라키스는 그녀를 용서하고 나서 다시 사라졌다. 그녀는 마음 편하게 마을로 되돌아와 후회하는 마음으로 조용히 살았다.

악마는 남편의 죽음에 대하여 그녀도 원인이 되었다는 생각을 하게 하여 그녀가 자살하도록 실의에 빠지게 만들었다. 그러나 자애로우신 하느님은 충실한 종인 아르세니오스 신부를 통하여 그녀의 영혼이 지옥에 가도록 내버려 두지 않으셨다.

---

87) 자살은 죄 중에서 가장 큰 죄로 간주된다. 그리스에서 자살하는 경우, 정신 병자가 자살하는 경우를 제외하고 교회에서 장례식을 절차를 밟을 수 없다. 사람의 목숨은 하늘의 축복을 받은 것으로서, 누구도 자기 목숨을 함부로 할 수 없다. 자살을 택하는 사람은 하늘(하느님)과의 관계를 자신이 끊어버리는 것이기 때문에 교회에서는 인정하지 않는다.

언젠가 하치에펜디스 신부는 콘스탄티노스 성인을 추도하기 위한 철야 예배를 드리려고 혼자 성 콘스탄티노스 교외 소성당으로 가려고 하였다. 하지만 신부는 계획을 변경하여 프로드로모스 코르치노글루, 하치-흐리스도스, 하치-미나스, 프로드로모스 에즈네피디스 그리고 흐리스도포리디스와 함께 날이 저물기 시작할 때 떠나기로 하였다. 그 곳으로 가는 도중에 병과 고통에 시달리던 사람들이 여기저기서 신부를 부르며 잡아 당겼다. 마을을 벗어나자 이미 밤이 되었고 그래서 이 다섯 명은 어두움 속에서 길을 걷는 데 어려움을 느꼈다. 그들은 불안해 하기 시작하였다.

아르세니오스 신부는 물었다.

"왜들 그러는가?"

동행자들은 대답하였다.

"하치에펜디스 신부님! 저희들을 축복하여 주십시오. 우리는 아무 것도 볼 수가 없습니다."

신부는 그들에게 말하였다.

"자네들! 우리 앞에서 우리를 이끌며 빛나는 십자가가 보이지 않는단 말인가?"

그들은 대답하였다.

"아무 것도 보이지 않습니다."

그들은 아무 것도 볼 수 없었다. 단지 하치에펜디스 신부만이 빛이 나는 십자가를 볼 수 있었다.

신부는 그들에게 말하였다.

"내게 가까이 와서 이 손을 잡게나."

이렇게 해서 이들은 아르세니오스 신부를 따라 성 콘스탄티노스 성당에 도착할 수 있었고 거기서 밤을 새워 철야 예배를 드렸다. 그리고 계속해서 아침에 진행되는 성찬 예배에도 다른 사람들과 함께 참석하였다. 성찬 예배가 끝나자 사람들은 흡족한 마음으로 밖으로 나왔다. 밖은 무성한 나무와 풀이 초록색으로 덮여 있었다. 식사 후에 나이 많은 사람들은 대화를 나누었고 젊은이들은 주님을 찬양하면서 춤을 추고 있었다.[88] 그러나 갑자기 이 기쁨은 슬픔으로 바뀌었다. 그것은 터어키 군대의 탈영병들이 오는 것이 멀리서 보였기 때문이다. 이 탈영병들은 강도들이었으며 사람의 목숨을 파리 목숨만도 못하게 여기는 살인마들이었다. 그들은 단단히 무장했는데 체테스들보다 더 고약한 인간들이었다. 여인들과 아이들은 소리를 내어 울부짖기 시작하면서, 하치에펜디스 신부를 둘러쌌다. 노인들은 젊은이들에게 총을 쏘아 수라장이 되는 일이 없도록 길을 비켜 주라고 타일렀다. 그리고 여인들과 아이들은 숨겨 두고 할아버지들과 할머니들만 남아 있었다. 남녀노소 할 것 없이 모두가 어찌할 바를 몰랐으므로 아르세니오스 신부는 그들을 진정시켰다. "겁내지 마십시오. 그들이 우리들에게 가까이 오도록 내버려 두십시오. 그들을 그냥 두십시오."

파라사인들은 하치에펜디스 신부의 말을 듣고 안도의 숨을 쉬었다. 이 탈영병 강도들이 가까이 접근하였을 때 아르세니오스 신부는 손을 들고 그들에게 말하였다. "너희들은 하느님과 나에 의해 밧줄에 묶여 있는 것처럼 꼼짝 못하고 있어라." 이 말이 끝나자마자 그들은 서 있던 곳에 꼼짝 못하고 있었다. 그러자 이 강도들은 후회하면서 자기들을 용서해달라고 아르세니오스 신부에게 빌었다. "우리들을 용서해 주십시오. 그리고 우리를 축복해 주십시오. 우리는 우리가 범죄자라는 것을 인정합니다. 당신으로부터 축복을 받을 수 있도록 우리들을 풀어 주십시오. 그러면 이제부터 우리는 좋은 사람들이 될 것입니다." 그 때 하치에펜디스 신부는 그들에게 말하였다. "우리는 무기를 원치 않으니 무기를 버리고 나서 이리로 와라." 이 강도들은 모두 차례대로 무기를 내려놓고 가서 아르세니오스 신부의 발에 엎드려 울면서 용서해 달라고 빌었다. 동시에 여인들과 아이들도 기쁨과 감격에 젖어 울었다. 하지만 거기에 있던 몇 명의 젊은이들은 이 강도들과 싸우도록 어른들이 허락하지 않았으므로 프로드로모스 에즈네피디스는 터어키인들에게

---

88) 파라사에 있었던 관습

화를 풀지 못해 속이 상했다. 그는 참을 수가 없어서 그들 중에서 가장 사나운 강도를 붙들어 때리기 시작하였다. 선한 하치에펜디스 신부는 프로드로모스로부터 강도를 떼어 내면서 말하였다. "나는 그를 용서하네." 그 후 마을 사람들은 무기를 모아 나귀에 싣고서 베레키에 있는 터어키 당국에 넘겨 주었다.

이 탈영병들 중에 몇 명은 그들의 잘못에 대해 회개하였을 뿐만 아니라 그들의 삶의 방법도 바꾸었고 몰래 그리스도교인으로 개종하였다. 그들은 강제적인 민족 교체로 파라사인들이 파라사를 떠났을 때 몰래 파라사인들과 함께 그리스로 갔다. 프로드로모스 에즈네피디스에게 얻어맞은 이 터어키인 역시 그리스도교인이 되었으며 술레이만이었던 이름을 엘레프테리오스로 바꾸었다. 이 사람은 강제적인 민족 교체 시기에 몰래 파라사인들과 그리스로 갔고 야니차에 정착하여 살았다. 1982년 그는 아직 살고 있었다. 그 당시 그는 아흔 살이 넘었었고, 투르코레프테리오스[89]라고 불렸다.

파라사에 살고 있던 회교도 여인들 중에 한 명이 나에게 이 모든 사실을 전해 준 아가티의 어머니에게 세례를 받고 싶다고 의사를 밝혔다. 아가티의 어머니는 아르세니오스 신부에게 이 사실을 알렸고 신부는 회교도 여인을 아가티 어머니 집으로 몰래 데려다 교리 공부를 시키고 아가티 어머니에게 대모가 되라고 시켰다. 교리 공부 후에 이 회교도 여인은 세례를 받았으며 세례명은 엘레프테리아였다. 엘레프테리아는 단지 서너 번 성체 성혈을 받았을 뿐이며 다른 숨어 있는 그리스도교인들처럼 그리스도교인으로서 비밀리에 살고 있었다.

엘레프테리아는 정교인으로서 그녀 집안의 무신론적인 환경에서 살기가 힘들었다. 자비로우신 하느님은 그녀를 이 환경에서 벗어나게 하시려고 당신 곁으로 빨리 데려 가셨다. 엘레프테리아는 갑자기 아파서

---

[89] 그리스어로 터어키를 투르키아($Tουρκία$)라고 한다. 엘레프테리아($ελευθερία$)는 자유를 의미하며, 남성 이름이므로 엘레프테리오스가 된다. 이 두 단어가 합쳐져 투르코레프테리오스가 되었다. 그리고 이 사람이 터어키인이었기 때문에 그의 이름 앞에 '투르코'를 붙인 것이다.

며칠을 몸져 누워 있었다. 가엾은 그녀는 성체 성혈을 받기를 원했는데 하치에펜디스 신부에게 직접 가서 성체 성혈을 받는 것은 어려웠다. 그리고 더구나 하치에펜디스 신부가 그녀의 집에 가서 숨은 그리스도교인인 그녀에게 성체 성혈을 주는 것은 더 어려운 일이었다. 그렇지만 선한 신부는 그녀를 성체 성혈을 받지 않은 채 남겨두지 않았다. 그는 매우 작은 사과에 구멍을 내고 성체 성혈 성사에 쓰이는 약간의 봉헌빵을 그 곳에 넣어 다시 사과의 구멍을 메웠다. 신부는 대모인 아가티의 어머니에게 엘레프테리아가 성체 성혈을 받기 위해서는 어떤 방법으로 성체 성혈을 영해야 하는지 설명한 후 엘레프테리아에게 보냈다. 대모는 경건하게 그리고 두근거리는 마음으로 사과를 받아 가슴에 품고 두 손을 엇갈리게 하여 꼭 쥐고서 대녀에게 갔다. 엘레프테리아는 갓 세례를 받은 자[90])로서 이것을 예감하였다. 그녀는 무엇인가 예감한 모습으로 말하였다. '내 영혼의 주님, 그리스도시여!' 그녀는 대모가 이 봉헌빵을 그녀에게 가져왔으리라는 것은 생각조차 못했는데도 이렇게 말을 한 것이다. 대모는 사과를 꺼내어 그녀에게 주었고 축복 받은 엘레프테리아는 성체 성혈을 받게 되었다.

성체 성혈 후 엘레프테리아는 그녀의 영혼을 그리스도께 바쳤다. 대모는 식깅이 피이 이크세니오스 신부에게 달려 가서 말하였다.

"하치에펜디스 신부님! 저를 축복하여 주세요. 엘레프테리아가 이 세상을 떠났습니다. 이제 어떻게 해야 합니까? 터어키 여인들이 시신을 목욕시킬 것입니다."

신부는 대답하였다.

"걱정하지 말게."

그녀는 걱정이 되어 또 같은 말을 반복하였다.

"하치에펜디스 신부님! 어떻게 해야 합니까?"

신부는 그녀에게 말하였다.

---

[90]) 그리스도께서는 갓 세례를 받은 자들을 인도하시기 위해 그들에게 은총을 내려 주시다.

"그냥 두게나. 목욕한 것처럼 간주될 걸세."

그러나 대모는 계속 걱정하였다. 그 이유는 회교도인들은 죽은 사람에게 목욕을 시키는 것을 세례로 인정하였기 때문이다. 회교도인들은 이 방법을 통하여 죽은 사람이 살았을 때 지은 모든 죄가 용서되는 것으로 믿었다. 물론 이것은 망상이며 전혀 당치 않은 이론이다! 대모는 회교도인들이 하는 이 관습이 걱정되어 아르세니오스 신부를 계속 귀찮게 하였으므로 신부는 그 때 다음과 같이 말해야만 하였다.

"무슨 생각을 하고 있는가? 터어키 여인들이 내 손으로 세례를 준 여인에게 목욕을 시키도록 내버려 둘 것 같은가?"

그러면서 신부는 엘레프테리아를 위해서 끊임없이 기도를 하였다.

그 다음에 무슨 일이 일어났을까? 엘레프테리아가 이 세상을 떠난 후부터 죽은 그리스도교 여인인 엘레프테리아의 몸을 씻으려고 손을 내밀었던 모든 터어키 여인들의 손이 움직이지 않았다. 그래서 그녀의 죽은 몸을 씻지 못한 채 터어키인들 공동 묘지에 안장을 해야만 하였다.

하치에펜디스 신부는 멀리 떨어져 세상을 떠난 엘레프테리아를 위해 하는 예식을 진행하였고 기도를 계속하였다.

그런데 또 다른 사건이 일어났다. 밤마다 엘레프테리아의 영혼이 그녀의 집에 나타나 집에 있던 물건들을 내팽개치기 시작하였다. 그녀는 한탄하면서 가족들에게 말하였다.

"왜 나를 지옥인 당신들의 공동 묘지에 묻어 나를 괴롭힌단 말입니까? 어서 나를 당신들의 공동 묘지에서 꺼내서 나의 집인 그리스도교인 공동 묘지에 묻어 주십시오."

이 일은 이 터어키인 가정이 더 이상 참을 수 없을 때까지 계속되었다. 가족들은 하는 수 없이 아르세니오스 신부에게 가서 말하였다.

"하치에펜디스 신부님, 저희들을 축복하여 주십시오. 죽은 여인 때문에 우리들은 매우 큰 고통을 당하고 있습니다. 우리를 도와 주십시오! 신부님만이 이 일을 해결하실 수 있습니다. 그녀의 영혼이 밤마다 우리를 괴롭히고 집을 어지럽게 만들고 있으며 그리스도교인 공동 묘지에 그녀를 묻어 달라고 말합니다. 그녀는 신부님의 종교를 사랑했던 것 같습니다."

신부는 터어키인인 엘레프테리아의 남편에게 대답하였다.

"내게 무엇을 묻는가? 나는 그리스인이며 자네는 터어키인이라네. 그러니 하고 싶은 대로 하게나."

터어키인은 대답하였다.

"하치에펜디스 신부님! 아닙니다. 저는 신부님의 허락 없이는 아무 것도 하지 않겠습니다."

아르세니오스 신부는 그에게 말하였다.

"우리들은 자네 말을 들어 주겠네. 당신들이 그녀의 시신을 꺼내서 이곳으로 가져 오면 우리들의 공동 묘지 가장 자리에 그녀를 매장할 것이네."

신부가 말한 대로 엘레프테리아는 그리스도교 공동 묘지에 묻히게 되었다.

그 후 엘레프테리아는 환한 모습으로 그녀가 살던 집에 나타나 사람들에게 다음과 같이 기원하였다.

"장수하십시오! 지금 나는 천국의 그윽한 빛 속에서 하느님의 보호 아래 있습니다."

하치에펜디스 신부는 거룩한 방법으로 회교도들까지 양처럼 순하게 만들었다. 그리고 그리스도교인들의 올바르고 의심할 여지없는 믿음의 힘을 회교도들에게 보여 주었다. 그 결과 어려웠던 그 시대에 하느님을 믿지 않는 사람들이 그리스도교인들에게 문제를 야기하지 않도록 하치에펜디스 신부는 하느님을 믿지 않는 자들로부터 믿는 자들을 보호하였다.

아르세니오스 신부가 우리들을 축복하여 주시기를 바랍니다.

아멘

찬양송

아르세니오스 성인이여! 당신은 하느님을 향한 사랑 속에서 사셨나이다. 그리하여 당신은 성령의 불도가니가 되었나이다. 하느님께서 주신 은총으로 당신은 모든 사람들을 도와 주셨나이다. 아르세니오스 성인이여! 하느님이 우리를 불쌍히 여기시도록 중보하소서.

시기송

카파도키아의 꽃이며 선과 덕의 불도가니인 아르세니오스 성인이 나로부터 찬양 받을 지어다. 당신은 이 세상에서 천사처럼 살았기에 모든 성인들의 동참자가 되었나이다. 당신은 성인들과 함께 우리들의 죄를 그리스도께서 사해 주실 것을 중보하시나이다.

메갈리나리온

아르세니오스 성인이여! 당신의 삶과 거룩한 수도를 통하여 당신이 성인들과 동참자가 되신 것을 기뻐하소서. 당신은 수도사들과 사제들의 영광이며 카파도키아의 영광임을 기뻐하소서.

선하시고 자비로우신 하느님이, 첫째로는 성인 교부들로 이어진 교회의 전통을 경건하게 지켜온 그 시대의 모든 사람들의 영혼을 편히 쉬게 하여 주시고, 둘째로 아르세니오스 신부의 생애와 카파도키아의 문화를 기억 속에 간직한 사람들의 영혼을 편히 쉬게 하여 주시고, 셋째로 이 모든 것을 새 세대의 젊은이들에게 전하여 준 사람들의 영혼을 편히 쉬게 하여 주시기를 바랍니다. 어느 경우엔 많이, 또 어느 경우엔 적더라도 자료를 제공해 주어 이 책을 쓸 수 있도록 도와 준, 지금은 장성해 있는 사람들에게 아르세니오스 성인의 끝 없는 축복이 함께 하기를 기도합니다.

아멘